사람의 생각은 사망이요

사람의 생각은 사망이요

초판 1쇄 인쇄 | 2017년 5월 30일
초판 1쇄 발행 | 2017년 6월 8일

지은이 | 김종수
교정/편집 | 이수영 / 김보영
표지 디자인 | 김보영
펴낸이 | 서지만
펴낸곳 | 하이비전

신고번호 | 제 305-2013-000028호
신고일 | 2013년 9월 4일 (최초 신고일 : 2002년 11월 7일)

주소 | 서울시 동대문구 신설동 97-18 정아빌딩 203호
전화 | 02) 929-9313
홈페이지 | hvs21.com
E-mail | hivi9313@naver.com

ISBN 978-89-91209-88-6 (03200)

값 13,500원

사람의 생각은 사망이요

김종수 저

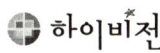

이 책을 쓰는 목적

　이 글은 성령에 감동을 받은 사람이 많은 사람을 하나님의 세계에 들어오게 하기 위해 하나님께 가는 길을 기록한 것입니다.
　사람이 하나님의 세계에 들어가지 못하는 이유는 이 세상에 사는 모든 사람들이 옳다고 믿고 섬기는 자기의 생각 때문입니다.
　하나님이 사람을 창조하실 때에는 '자기'라는 세계가 없었고, 단지 흙으로 육체를 만드시고 그 코에 생기를 불어 넣으시어 생령이 되었던 것입니다. 생기란 마음 또는 혼을 의미하며, 혼은 말씀을 담는 그릇입니다. 하나님께서는 말씀을 우리 마음에 담아 하나님을 느끼고 하나님의 뜻을 따르도록 하셨던 것이지요. 하나님의 말씀이 사람의 마음에 담기면 비록 벌거벗었지만 부족함을 느낄 수가 없었던 것입니다.
　그런데 사람이 이 세상에 오게 된 이유는 창세기 3장에 기록된 바와 같이 여자가 하나님의 말씀을 거역하고, 하나님과 같이 된다는 뱀의 지식을 받아들였기 때문입니다. 즉 자기를 보는 지식,

현재 이 세상에서 모든 사람들이 섬기는 육신을 위하는 생각을 받고 하나님의 말씀을 버렸던 것입니다.

지금 이 세상의 모든 사람들에게는 하나님을 섬기는 지식이 없으므로 사람의 육체가 하나님의 자리에 있는 것입니다. 사람들은 자기의 생각이 만들어주는 대로 육체를 위해서 살고 육체를 위하는 생각이 진리인 것처럼 살아가고 있습니다. 인간의 목적이 자기 생각만을 지키고 섬기는 삶이 된 것입니다. 이 세상의 지식은 육체만 볼 수 있기 때문입니다. 하나님을 섬긴다고 하면서도 육체를 섬기고 천국의 소망도 육체가 천국에 들어가기를 원하는 것입니다.

"미련한 자의 생각은 죄요 (잠 24:9)" '하나님의 생각'이 아닌 생각은 '죄'라는 것입니다. "육신의 생각은 하나님과 원수가 되나니 이는 하나님의 법에 굴복하지 아니할 뿐만 아니라 할 수도 없음이라 (롬:8:7)" 이 세상에서 하나님을 믿는 사람들은 많습니다. 그러나 하나님의 말씀을 믿는 사람은 없습니다. 성경에서는 하나님의 말씀은 사람의 생각과는 달라 서로 원수가 된다고 하십니다. 이 말의 뜻은 사람들이 자기의 생각으로 하나님을 믿는다는 것입니다.

하나님의 말씀이 인정될 때 자기가 죄인이라는 것을 느끼게 됩니다. 그런데 사람들은 하나님의 말씀을 듣기 싫어합니다. 하나님께서는 사람의 생각은 죄라 하시고 죄가 죽지 않고는 하나님을 만날 수가 없다고 하십니다. 사람의 생각은 육체와 보이는 것만을 신뢰하고 보이지 않는 하나님은 불신하기 때문입니다. 사람의 생각이 마음에 있다는 것은 사람의 생각이 옳다고 여기고, 하나님의 말씀은 틀렸다고 여기는 것입니다.

　하나님의 말씀은 육체의 소욕을 거스르고 육체의 소욕은 성령을 거스릅니다. 한편 사람의 생각은 하나님을 거스르고 말씀을 거스르고 육체를 섬깁니다. 그리고 성경의 기록은 육체를 흙이라고 하고 하나님은 신이라고 합니다. 우리가 하나님의 말씀을 따라 살면 육신의 생각에서 벗어나게 됩니다.

　"형제들아 내가 그리스도 예수 우리 주 안에서 가진 바 너희에 대한 나의 자랑을 두고 단언하노니 나는 날마다 죽노라 (고전 15:31)" 사도 바울이 날마다 죽는다고 전하는 것은 자기의 생각을 보지 않는다는 영적인 뜻입니다.

　또 "내 생각과 너희 생각은 다르며 (이사 55:8)" 하나님의 생각과 사람의 생각은 다르다고 말씀하십니다. 우리의 생각으로는 하나님의 생각(말씀)을 알거나 느낄 수가 없는데, 모든 종교인들은 자기들의 생각으로 하나님을 믿고 천국에 갈 수 있다고 생각합니다. 말씀은 보이지 않는 영의 세계인 하나님을 섬기는 것이지만 사람의 생각은 보이는 세계인 육체를 섬깁니다. 육의 생각으로는 영의 세계를 영원히 볼 수가 없습니다.

　사람의 생각에 맞는 설교는 사람의 생각을 이야기합니다. 그러나 말씀의 설교는 사람의 생각과는 다릅니다. 그렇기 때문에 옛날 선지자들은 말씀을 증거하다가 사람들에게 돌로 쳐 죽임을 당했던 것입니다. 사람들은 말씀을 전하는 사람을 죽일 만큼 하나님의 말씀이 싫다는 것이지요.

여러분은 사람의 생각에 속지 말고 교리에도 속지 마시기 바랍니다.

영의 세계는 복의 세계이며 말씀 안에 있는 영생의 세계입니다. 육의 세계는 저주의 세계이며 사망의 세계입니다. 부디 저주와 사망의 세계에서 벗어나 영원한 세계, 복된 세계를 만나시길 바랍니다.

차례

이 책을 쓰는 목적	4
1. 믿음은 없다	12
2. 저주의 세계, 변해버린 사람	22
3. 사람의 생각은 하나님의 세계를 원하지 않는다	34
4. 하나님의 말씀을 들을 수 없는 마음	46
5. 유대인 믿음의 결과	56
6. 불신의 원인	72
7. 사람이 볼 수 있는 하나님	86
8. 사람의 생각 (죄)	96
9. 사람이 믿음을 가질 수 있는 방법의 한계 (십자가의 도)	104
10. 예수님의 뜻	122
11. 성령의 기적과 사람의 생각	132
12. 복의 세계와 저주의 세계	140
13. 말씀의 세계	150

14. 사람의 생각은 거짓이다 ·················· 168
15. 사람의 생각은 '죄' 하나님의 말씀은 '의' ········· 176
16. 의로운 사람은 없다 ··················· 188
17. 영의 개념 ······················ 194
18. 하나님을 믿는 믿음 ·················· 204
19. 하나님의 사랑과 사람의 불신 ············· 212
20. 성경과 마음 ····················· 222
21. 선과 죄 ······················ 228
22. 하나님이 주신 사람의 능력 ·············· 236
23. 하나님을 믿는 방법 ················· 248
24. 하나님을 만난 사람들의 마음 ············· 260
25. 하나님은 믿을 수 없다 ················ 280
26. 그리스도인이 가야 될 미래의 천국 ··········· 292

1

믿음은 없다

믿음은 없다

　예수님께서는 하나님의 말씀을 받은 사람들을 신이라고 하셨습니다. 사람이 신이 아니라 말씀이 신이라는 것입니다. 그러므로 말씀을 받게 되면 신이 있기 때문에 그 사람을 신이라고 말씀하신 것입니다.
　이 말씀이신 신은 하나님의 신이기 때문에 하나님이 계신 천국에 가게 됩니다. 우리는 말씀이 없이는 천국에 갈 수 없습니다. 말씀의 은혜로 천국을 가는 것입니다. 그런데 이 세상 사람들은 육체를 위하는 자기 생각을 말씀보다 더 신뢰하기 때문에 하나님의 말씀을 듣지 못합니다. 우리 마음에 말씀을 받아들여 지키게 될 때, 말씀이 마귀와 사단에 물든 사람의 생각을 죽이고 우리가 하나님을 섬기도록 만드는 것입니다.
　하나님께서는 처음부터 우리에게 말씀을 섬길 수 있는, 생각을 쫓아낼 수 있는 능력을 주시지 않았습니다. 그래서 우리는 말씀을 받아들여 지키게 될 때 우리 생각에서 해방되어 하나님을 섬기는 놀라운 역사를 경험하게 되는 것입니다.

사람의 생각은 우리를 지옥으로 인도하고 하나님을 만나지 못하게 하기 때문에 우리는 생명을 얻지 못하고 영원한 멸망의 세계로 끌려가는 것입니다. 그런데 오늘날 기독교인은 사람의 생각이 좋아하는 돈을 하나님께 바치고 날마다 복과 천국을 달라고 부르짖고 있습니다. 성경의 기록인 하나님의 말씀을 믿지 않기 때문에 사람의 생각에게 농락을 당하고 있는 것입니다.

"여호와께서 이르시되 나의 영이 영원히 사람과 함께 하지 아니하리니 이는 그들이 육신이 됨이라 (창 6:3)"

하나님은 영원히 변치 않는 진리의 말씀이기 때문에 육체를 섬기는 사람의 생각과는 함께 하지 않는다는 것입니다. 사람의 생각으로 돈을 내고 봉사를 하고 하나님께 기도를 한다 할지라도 하나님은 사람의 생각과는 영원히 함께 하지 않는다는 말씀이지요.

예를 들어 보겠습니다. 우리 사람들이 생각하는 대로 일평생을 산다면 지옥에 갈 것이라고 하나님은 경고하셨습니다. 그런데 만약 우리가 이 생각으로 하나님께 기도하고 찬양하고 신앙생활을 한다고 천국을 갈 수 있다면, 그것은 우리의 노력으로 가는 것이지 하나님의 은혜가 아니라는 것입니다. 사람의 생각으로는 하나님을 믿든지 믿지 않든지 지옥으로 갈 수밖에 없습니다. 사람의 생각은 창세기에서 볼 수 있듯이 뱀을 통하여 하와의 마음에 들어온 사탄의 영이기 때문입니다.

사람의 생각으로는 어떠한 노력을 해도 하나님의 세계에 들어갈 수 없다는 것은 출애굽기에서도 볼 수 있습니다. 모세를 따라 애굽에서 출발한 이스라엘 민족 약 190만 명은 구름기둥과 불기둥의 안내를 받았으며 하늘에서 내려온 만나를 양식으로 삼았습니다. 이렇게 하나님의 인도와 내려주신 양식으로 사십 년 간 광야교회 생활을 하는 동안 그들은 자기가 생각을 할 필요가 없었습니다. 하나님의 능력으로 의복도 해지지 않았으며 하나님의 힘으로 가나안을 향해서 나아갔던 것입니다.

그런데 광야교회 40년의 긴 시간 중에 구원을 받은 사람은 여호수아와 갈렙뿐이었습니다. 여호수아와 갈렙은 긴 여정 끝에 하나님의 생각을 받게 되었던 것입니다. 190만 명 중에 2명만이 구원을 받은 것입니다.

신약에서는 성경 전체를 통틀어 하나님에 대해 가르친 선생은 예수님뿐이었습니다. 이 땅에 사람의 모습으로 오신 분이 예수님, 곧 하나님입니다. 예수님이 택한 12명의 제자들은 예수님께서 수많은 기적과 이적을 행하시는 것을 보고도 그 마음에 영적 할례가 이루어지지 않았습니다. 그 이유는 제자들이 모든 것을 버리고 예수님을 따랐지만 마지막 한계인 자기의 생각을 버리지 않았기 때문입니다.

제자들의 생각과 예수님의 말씀이 달랐던 것입니다. 예수님의 말씀은 영의 세계를 이야기하는 지식과 지혜였던 반면 제자들의 생각은 육체를 섬기는 자기의 생각에 대한 지식이었습니다. 그렇기 때문에 제자들은 육체의 지식이 아닌 영의 지식을 알아듣거나 믿을 수가 없었던 것입니다.

영의 세계는 하나님은 신이시며 생명이시므로 하나님을 섬겨야 우리가 살 수 있다고 합니다. 그런데 사람의 생각은 육체를 잘 먹이고 입히고 편안해야 살 수 있다고 합니다. 그렇기 때문에 육신의 생각으로는 하나님을 믿을 수 없고 하나님의 세계를 알 수도 없는 것입니다.

"하나님의 지혜에 있어서는 이 세상이 자기 지혜로 하나님을 알지 못하므로 하나님께서 전도의 미련한 것으로 믿는 자들을 구원하시기를 기뻐하셨도다 (고전 1:21)"

사람의 지혜는 사람의 생각을 말합니다. 그런데 사람의 생각으로는 하나님의 생각을 알 수가 없다는 것입니다. 우리가 하나님을 알고 믿는 것은 사람의 생각으로 되는 것이 아니라 하나님의 말씀으로 되는 것입니다.

예수님께서는 당신을 믿는 것이 곧 하나님을 믿는 것이라고 하시며 성령을 우리에게 허락하셨습니다. 보혜사 성령은 하나님의 말씀이며 성경의 기록입니다. 지금 사람들이 눈으로 볼 수 있는 실제의 하나님인 것이지요.

"태초에 말씀이 계시니라 이 말씀이 하나님과 함께 계셨으니 이 말씀은 곧 하나님이시니라 (요 1:1)"

성경에 기록된 하나님의 말씀이 곧 하나님이라는 것입니다. 그러나 사람들은 아무도 성경을 믿지 않습니다. 기록된 말씀에도 불구하고 하나님을 부인하고 여전히 예수님을 부르고 믿고 있는 것이지요.

성경의 기록을 믿는 것은 예수님을 믿는 것이고, 하나님을 믿는 것입니다. 그런데도 오늘날 사람들은 말씀이 아닌 사람의 생각으로 예수님을 믿고 하나님을 믿는다고 합니다. 말로는 하나님과 예수님을 믿는다고 말하지만 실제로는 자기의 생각을 믿는 것이지요. 자기의 생각으로 신을 믿는 사람의 특징은 하나님의 뜻이 무엇인지 알 필요가 없고 오히려 하나님께 자기 생각에 맞추어 달라고 부르짖는 것입니다. 우리가 하나님을 믿는 마음 중 가장 본받을 만한 것은 다윗의 믿음입니다. 다음의 성경 말씀을 보도록 합시다.

"내가 죄악 중에서 출생하였음이여 어머니가 죄 중에서 나를 잉태하였나이다 (시 51:5)"

어머니가 죄로 나를 만들었고 내가 죄악으로 태어났으니 내 안의 생각은 모두가 죄라는 것입니다. 그래서 다윗은 죄를 믿을 수 없어서 하나님만 믿게 되었습니다.

모압 여인 룻의 믿음도 살펴보도록 하지요.

"룻이 이르되 내게 어머니를 떠나며 어머니를 따르지 말고 돌아가라 강권하지 마옵소서 어머니께서 가시는 곳에 나도 가고 어머니께서 머무시는 곳에서 나도 머물겠나이다 어머니의 백성이 나의 백성이 되고 어머니의 하나님이 나의 하나님이 되시리니 어머니께서 죽으시는 곳에서 나도 죽어 거기 묻힐 것이라 만일 내가 죽는 일 외에 어머니를 떠나면 여호와께서 내게 벌을 내리시고 더 내리시기를 원하나이다 하는지라 (룻 1: 16-17)"

룻이라는 여인은 신랑도 죽고 양식도 떨어진 시어머니를 따라가면서 어머니의 백성과 어머니의 하나님을 믿겠다고 합니다. 자기 속에는 믿을 것이 하나도 없었다는 것입니다. 또한 죽어서 헤어지는 일 외에 어머니를 떠난다면 하나님께서 벌을 내리시기를 청하고 있습니다. 어머니를 떠나게 된다면 그 이유는 자기의 생각이 있기 때문이라는 것입니다. 그녀는 자기의 생각이 하나님께

벌을 받아야 되는 죄라는 것을 알고 있었던 것이지요. 그렇기 때문에 다 망한 시어머니의 것이 자기 것보다 낫다는 것을 알고 어머니를 따랐던 것입니다.

사도 바울의 믿음은 어떨까요?

"이제는 그것을 행하는 자가 내가 아니요 내 속에 거하는 죄니라 (롬 7:17)"

사도 바울은 자기 속에 있는 생각이 자기가 아니고 죄라는 것을 알게 되었습니다. 그래서 사도 바울은 자기를 믿을 수가 없어 하나님을 믿게 되었던 것입니다. 자기 안에 역사하는 생각이 죄로 보이면 자신의 생각을 회개하고 하나님을 믿을 수밖에 없습니다.

그런데 우리의 생각은 스스로가 틀렸다거나 죄라고 느끼지 못합니다. 우리의 생각은 스스로를 선 또는 진리라고 여기기 때문에 우리의 생각을 믿고 있을 때는 하나님을 믿지 못합니다. 하나님의 말씀을 우리 마음에 세우게 되면 그때 비로소 우리의 생각은 사탄이 되고 죄가 되고 사망이 되는 것입니다. 하나님의 말씀을 믿지 않고는 우리는 죄인임을 알 수가 없습니다. 우리가 죄인이라는 것을 알게 되면 우리의 생각을 믿는 사람은 한 사람도 없을 것입니다.

"모든 사람의 결국은 일반이라 이것은 해 아래에서 행해지는 모든 일 중의 악한 것이니 곧 인생의 마음에는 악이 가득하여 그들의 평생에 미친 마음을 품

고 있다가 후에는 죽은 자들에게로 돌아가는 것이라 (전 9:3)"

하나님이 사람을 보실 때 사람 마음에 있는 생각은 미친 생각이라고 가르쳐 주고 있습니다. 사람들은 미친 생각으로 평생을 보내면서 생명의 길을 찾지 못하고 결국은 죽게 된다는 것입니다. 사람의 생각으로 말씀을 듣게 되면 어떻게 되는지 다음 성경 말씀을 살펴봅시다.

"그 중에 많은 사람이 말하되 그가 귀신 들려 미쳤거늘 어찌하여 그 말을 듣느냐 하며 (요 10:20)"

사람의 생각으로 예수님의 말씀을 듣게 되면 귀신 들려 미친 소리로 들린다는 것입니다. 하나님이 사람의 생각을 미쳤다고 보시는 것처럼 사람도 하나님을 미쳤다고 하는 것이지요. 잘못된 사람의 생각으로 말씀을 듣게 되면 하나님이 미쳐 보이지만, 하나님의 말씀을 믿으면 사람이 미쳐 보이는 것입니다.

사람의 생각에 맞는 하나님의 말씀이라면 그것은 하나님의 말씀이 아니라 사람의 생각일 뿐입니다. 사람의 생각과 하나님의 말씀은 다릅니다. 사람의 생각은 마귀의 영이기 때문에 지옥에 가겠지만 천국은 하나님의 영, 하나님의 말씀이 있는 곳입니다. 그렇기 때문에 우리가 천국에 가기 위해서는 말씀을 받아야 하는 것입니다.

"성경은 폐하지 못하나니 하나님의 말씀을 받은 사람들을 신이라 하셨거든 (요 10:35)"

예수님께서는 하나님의 말씀을 받은 사람들은 신이라고 하셨습니다. 사람이 신이 아니라 말씀이 신이라는 것입니다. 말씀을 받게 되면 신이 있기 때문에 그 사람을 신이라고 말씀하신 것입니다.

이 말씀이신 신은 하나님의 신이기 때문에 하나님이 계신 천국에 가게 됩니다. 우리는 말씀이 없이는 천국에 갈 수 없습니다. 말씀의 은혜로 천국을 가는 것입니다. 그런데 이 세상 사람들은 육체를 위하는 자기 생각을 말씀보다 더 신뢰하기 때문에 하나님의 말씀을 듣지 못합니다. 우리 마음에 말씀을 받아들여 지키게 될 때, 말씀이 마귀와 사단에 물든 사람의 생각을 죽이고 우리가 하나님을 섬기도록 만드는 것입니다.

하나님께서는 우리에게 말씀을 섬길 수도, 생각을 쫓아낼 수도 있는 능력을 처음부터 주시지 않았습니다. 그래서 우리가 말씀을 지키게 될 때 비로소 우리의 생각에서 해방되어 하나님을 섬기는 놀라운 역사를 경험하게 되는 것입니다. 그런데 사람의 생각은 우리를 지옥으로 인도하고 하나님을 만나지 못하게 하기 때문에 우리는 생명을 얻지 못하고 영원한 멸망의 세계로 끌려가는 것입니다.

2

저주의 세계, 변해버린 사람

저주의 세계, 변해버린 사람

"그런데 뱀은 여호와 하나님이 지으신 들짐승 중에 가장 간교하니라 뱀이 여자에게 물어 이르되 하나님이 참으로 너희에게 동산 모든 나무의 열매를 먹지 말라 하시더냐 여자가 뱀에게 말하되 동산 나무의 열매를 우리가 먹을 수 있으나 동산 중앙에 있는 나무의 열매는 하나님의 말씀에 너희는 먹지도 말고 만지지도 말라 너희가 죽을까 하노라 하셨느니라 (창 3:1-3)"

하나님이 아담의 갈비뼈를 취하여 만드신 여자에게 뱀이 찾아왔습니다. 뱀이 여자에게 '하나님이 동산 나무의 열매를 먹지 말라 하시더냐' 하니까 여자가 '하나님 말씀에 너희는 먹지도 말고 만지지도 말라' 하셨다고 대답합니다. 이때 여자의 마음에는 하나님의 말씀밖에 없었다는 겁니다. 그런데 하나님의 말씀밖에 없는 여자에게 간교한 뱀이 찾아와서 뱀이 알고 있는 지식과 생각을 은밀히 전해줍니다.

"뱀이 여자에게 이르되 너희가 결코 죽지 아니하리라 (창 3:4)"

하나님은 '반드시 죽는다'라고 말씀하셨는데 뱀은 '결코 죽지 않는다'며 하나님의 말씀과는 전혀 반대되는 생각을 이야기하고 있었던 것입니다. 더 나아가 뱀은 자기의 생각을 여자에게 전합니다.

하와의 마음에는 하나님의 말씀만이 있었고, 하나님의 법을 따를 줄만 알고 있었는데 뱀이 하나님의 법이 틀렸다고 말합니다. 즉 뱀이 하와에게 다른 법을 전하는 것입니다. 뱀은 여자에게 약속을 합니다.

"그것을 먹는 날에는 죽지 않고 오히려 눈이 밝아서 하나님과 같이 되어 선악을 알 줄 하나님이 아심이니라(창 3:5)"

이것을 먹으면 '하나님과 같이 될 수 있다, 그것을 먹어보라'고 뱀이 유혹합니다.

"여자가 그 나무를 본즉 먹음직도 하고 보암직도 하고 지혜롭게 할 만큼 탐스럽기도 한 나무인지라 여자가 그 열매를 따먹고 자기와 함께 있는 남편에게도 주매 그도 먹은지라 (창 3:6)"

하와의 마음속에 하나님의 말씀만 있을 때는 선악과는 죽음의 나무였습니다. 그런데 하나님의 법이 아닌 뱀의 법, 뱀의 생각을 받아들이니 그 나무가 너무 보암직도 하고 먹음직도 하고 사람을 지혜롭게 할 만큼 탐스러운 열매로 하와의 눈에 보였다는 겁니다.

성경에서는 뱀이 여자에게 하나님의 법과는 다른 법을 알려줌으로써 죽음의 나무가 생명의 나무로 보여지는 모습을 기록하고 있습니다. 하와는 선악과를 따먹은 후 남편에게도 줘서 먹도록 했습니다.

"이에 그들의 눈이 밝아져 자기들이 벗은 줄을 알고 무화과나무 잎을 엮어 치마로 삼았더라 (창 3:7)"

이 부분이 성경을 통해서 우리가 볼 수 있는 세계입니다. 아담과 하와가 선악과를 먹으니까 보이지 않던 육체가 보이게 된 것입니다.

"아담과 그의 아내 두 사람이 벌거벗었으나 부끄러워하지 아니하니라 (창 2:25)"

처음 하나님이 아담의 갈비뼈를 취해 하와를 만드셨을 때는 그들의 눈에 육체는 보이지 않았습니다. 그런데 뱀의 소리를 듣고 선악과를 먹고 나니 아담과 하와는 변해버렸습니다. 그 마음에 말씀이 있을 때는 말씀이 하나님을 보여주니까 육체에 관심이 없었지만, 뱀이 하나님의 말씀을 거역하도록 자기의 생각을 집어넣어 선악과를 먹고 보니 그들의 눈이 밝아져서 벗고 있는 육체가 보였다는 것입니다. 이것이 선악과를 먹은 후 첫 번째로 나타나는 현상입니다.

"그들이 그 날 바람이 불 때 동산에 거니시는 여호와 하나님의 소리를 듣고 아담과 그의 아내가 여호와 하나님의 낯을 피하여 동산 나무 사이에 숨은지라 (창 3:8)"

이것은 두 번째 나타나는 현상입니다. 하나님의 소리를 듣고 하나님을 피해서 동산나무에 숨었다는 것은 아담과 하와는 '더 이상 하나님이 싫다, 하나님을 보고 싶지 않다' 이 뜻입니다. 아담과 하와가 마음에 하나님의 말씀을 담고 있을 때는 하나님이 보시기에 좋았고 아담 역시 하나님을 좋아했습니다. 그런데 뱀이 그들에게 하나님의 법이 아닌 다른 법을 넣고 나니 하나님이 싫어졌다는 겁니다.

하나님을 피해서 숨은 이 대목을 예레미야에서는 다음과 같이 기록하고 있습니다.

"내가 누구에게 말하며 누구에게 경책하여 듣게 할꼬 보라 그 귀가 할례를 받지 못하였으므로 듣지 못하는도다 보라 여호와의 말씀을 그들이 자신들에게 욕으로 여기고 이를 즐겨 하지 아니하니 (렘 6:10)"

이 말씀은 귀에 할례를 받지 못해서 하나님의 말씀이 욕으로 들린다는 겁니다. 귀에 할례를 받지 못했다는 것은 우리의 생각, 즉 뱀이 넣어준 생각 외에 다른 모든 것은 듣지 못한다는 의미입니다.

하나님을 피하는 행동은 시편에서도 볼 수 있습니다.

"어리석은 자는 그의 마음에 이르기를 하나님이 없다 하도다 그들은 부패하며 가증한 악을 행함이여 선을 행하는 자가 없도다 하나님이 하늘에서 인생을 굽어 살피사 지각이 있는 자와 하나님을 찾는 자가 있는가 보려 하신즉 각기 물러가 함께 더러운 자가 되고 선을 행하는 자 없으니 한 사람도 없도다 (시 53:1-3)"

이 성경 말씀에서 '어리석은 자'는 하나님의 말씀이 없는 자, 뱀의 소리를 믿고 사는 자입니다. 그 어리석은 자의 마음에는 하나님이 없고 단지 육신을 위하는 생각만 가지고 살아간다는 겁니다.

다시 창세기로 돌아가 봅시다. 간교한 뱀의 유혹의 소리를 들고 하나님이 먹지 말라고 한 선악과를 먹은 후 첫 번째는 치마를 해서 입고, 두 번째는 하나님을 피하는 모습으로 변해버린 아담을 발견할 수 있습니다.

"여호와 하나님이 아담을 부르시며 그에게 이르시되 네가 어디 있느냐 이르되 내가 동산에서 하나님의 소리를 듣고 내가 벗었으므로 두려워하여 숨었나이다 이르시되 누가 너의 벗었음을 네게 알렸느냐 내가 네게 먹지 말라 명한 그 나무 열매를 네가 먹었느냐 (창 3:11)"

하나님이 아담을 부르자 아담은 '내가 벗었으므로 두려워 숨었나이다' 하고 답합니다. 여기서 보면 아담은 단 한 번도 입고 있었던 적이 없었는데, 선악과를 먹기 전과 달라진 아담이 '내가 벗었으므로 두려워 숨었나이다' 하고 자기의 이야기를 합니다. 이제는 하나님의 소리를 들을 수 없는 '나'라는 세계에 갇혀버리게 되었으며, 자기의 육체 외에는 볼 수 없는 상태로 변해버린 것입니다.

하나님께서 아담에게 '누가 네게 벗었다고 이야기한 적이 없는데 누가 너에게 알려줬으며 왜 내 말을 거역했느냐'고 꾸짖으십니다. 이 말씀은 하나님이 아담에게 고장이 났음을 알려주시는 것입니다.

"아담이 이르되 하나님이 주셔서 나와 함께 있게 하신 여자 그가 그 나무 열매를 내게 주므로 내가 먹었나이다 (창 3;12)"

하나님이 왜 먹지 말라고 한 나무 열매를 먹었느냐고 하시니 아담은 '하나님이 주신 여자가 나에게 주었습니다', '하나님이 여자를 주시지 않았더라면 나는 이 나무의 열매를 먹지 않았을 겁니다', '나는 잘못이 없습니다'라고 핑계를 댑니다. 하나님이 잘못하셨다는 겁니다.

우리는 성경을 통해서 세상 사람들의 행동을 살펴볼 수 있습니다. 음주 운전을 한 사람이 반성하는 이유는 벌금을 내야 하기 때문입니다. '내가 음주운전을 하지 말아야 했구나' 그리고 오늘 음주 단속에 걸렸기 때문에 '음주를 한 것이 잘못이구나' 이렇게 자기에게 손해가 오면 잘못을 인정합니다. 그런데 '술을 마시고 운전을 하려고 한 내 생각이 잘못이었구나' 이렇게까지는 반성을 하지 않는다는 겁니다.

"여호와 하나님이 여자에게 이르시되 네가 어찌하여 이렇게 하였느냐 여자가 이르되 뱀이 나를 꾀므로 내가 먹었나이다 (창 3:13)"

여자도 아담과 똑같은 마음입니다. 뱀은 누가 만들었습니까? 하나님이 만들었습니다. 하나님이 뱀을 만들지 않으셨으면, 또는 뱀이 나를 꾀지만 않았어도 나는 하나님의 말씀을 지켰을 거라는 하와의 변명입니다. 결국 하나님의 잘못으로 죄를 지을 수밖에 없었다고 핑계를 대는 것입니다. 그래서 이 땅에 사는 모든 사람들은 자기가 완전한 하나님의 위치에서 판단하며 자신의 어떤 잘못도 발견하지 못하는 것입니다. 모두가 남의 탓만 하고 영적으로 절대 회개하지 못하는 마음을 갖고 있습니다.

"여호와 하나님이 뱀에게 이르시되 네가 이렇게 하였으니 네가 모든 가축과 들의 모든 짐승보다 더욱 저주를 받아 배로 다니고 살아 있는 동안 흙을 먹을지니라 (창 3:14)"

하나님의 말씀을 버리면서 우리는 저주를 받았습니다. 인간보다 앞서 뱀도 저주를 받았습니다. 뱀을 잡는 땅꾼들의 말을 들어보면 뱀은 보지도 못하고 듣지도 못한다고 합니다. 성경의 기록처럼 배로 땅을 기어 다니며, 앞을 볼 수가 없어 먹이를 잡을 때도 혀로 열을 감지하여 잡을 수밖에 없도록 완전한 저주를 받았습니다.

"또 여자에게 이르시되 내가 네게 임신하는 고통을 크게 더하리니 네가 수고하고 자식을 낳을 것이며 너는 남편을 원하고 남편은 너를 다스릴 것이니라 하시고 (창 3:16)"

두 번째로 여자에게 저주가 내렸습니다. '임신하는 고통을 크게 더하고 수고하고 자식을 낳을 것이며 남편을 원하고 남편은 너를 다스린다' 이 말씀은 여자보다 남자가 힘이 더 세니까 여자를 다스린다는 겁니다. 다스린다는 것은 상과 벌을 줄 수 있다는 것을 의미합니다. 그리고 여자가 남편을 원한다는 말씀은 여자는 연약하기 때문에 남편의 보호를 받아야만 살 수 있다는 것입니다.

"아담에게 이르시되 네가 네 아내의 말을 듣고 내가 네게 먹지 말라 한 나무의 열매를 먹었은즉 땅은 너로 말미암아 저주를 받고 너는 네 평생에 수고하여야 그 소산을 먹으리라 (창 3:17)"

'땅은 너로 말미암아 저주를 받고' 여기에서 땅은 우리의 육체를 말합니다. 그리고 '너는 네 평생에 수고하여야 그 소산을 먹으리라'는 말씀은 아담에게 내린 저주입니다. 아담이 하나님의 말씀을 저버렸기 때문에 이제부터는 육체를 위해서 땀 흘려 일해야 하는 수고의 저주가 왔다는 겁니다.

"땅이 네게 가시덤불과 엉겅퀴를 낼 것이라 네가 먹을 것은 밭의 채소인즉 네가 흙으로 돌아갈 때까지 얼굴에 땀을 흘려야 먹을 것을 먹으리니 네가 그것에서 취함을 입었음이라 너는 흙이니 흙으로 돌아갈 것이니라 하시니라 (창 3:18-19)"

우리는 이 말씀을 잘 살펴봐야 할 필요가 있습니다. 우리가 하나님의 말씀, 영을 담고 있을 때는 하나님이 보였고 육체에 관심이 없었습니다. 그런데 뱀의 생각을 받아들여 하나님이 먹지 말라 하신 나무의 실과를 먹은 후 육체를 볼 수 있게 되면서 '내가 벗었다'는 것을 알게 되었습니다. 자기의 세계가 보인 것입니다.

처음 우리에게는 자기의 세계가 없었는데 뱀의 소리를 따르고 보니까 육체가 보인 겁니다. 하나님께서 사람의 육체를 흙으로 지었고 그 코에 생기를 불어 넣어서 생물이 되었습니다. 하나님의 말씀을 담기 위해 생기를 불어 넣었기 때문에 '나'는 없는 세계였습니다. 그런데 뱀이 자기의 생각을 집어넣은 후 육체가 보였고 육체는 곧 '나'라는 세계를 구축했다는 것입니다.

우리가 성경을 통해서 나를 보면 내 육체는 흙이고, 내 속에 있는 혼은 하나님의 생기입니다. 우리가 내 안에 하나님의 영이 있을 때는 하나님이 보이지만 세상의 영, 뱀이 넣어준 세상에 살고 싶어 하는 영이 있을 때는 내 육체가 자기로 보인다는 것이지요.

우리가 죽은 사람을 보면 영혼이 육체에 있을 때는 산 사람이고 영혼이 떠나가면 죽은 사람이라고 한다면 이 육체는 산 적도 죽은 적도 없다는 것입니다. 단지 우리에게 그렇게 보일 뿐이지요. 그런데 창세기 말씀에서 볼 수 있듯이 모든 사람들이 뱀의 생각을 받아 이 육체가 살아있는 것으로 보이면서 육체를 위해 평생을 살아간다는 겁니다. 성경을 통해서 보면 육체는 흙입니다. 육체는 단지 흙일

뿐인데 하나님의 말씀이 아닌 뱀의 말을 따르게 되면서 우리에게 육체가 보이고, 육체가 보이니까 육체를 위해서 살게 되는 것입니다.

그래서 우리가 다시 하나님의 세계에 들어가려면 자기의 세계를 버리고 하나님의 말씀을 받아들임으로써 이 육체는 다시 흙이 되어야 합니다. 그리고 우리의 혼은 생기가 되어서 하나님의 말씀, 하나님의 영을 받아들이게 되는 것입니다. 하나님 말씀이 있으면 마음에 영적 구원이 이루어집니다.

또한 성경을 통해서 하나님의 말씀을 보게 되면 영적 할례가 이루어집니다. 그럼에도 우리는 생각을 통해서 죽을 때까지 자기의 세계에 갇혀 이 육체를 섬기는 생각에 속아 산다는 겁니다. 결국 평생을 육체를 위해서 살다가 마지막에는 비참하게 지옥으로 가게 됩니다. 이를 뒷받침 해주는 말씀이 있습니다.

"여호와께서 이르시되 나의 영이 영원히 사람과 함께 하지 아니하리니 이는 그들이 육신이 됨이라 그러나 그들의 날은 백이십 년이 되리라 하시니라 (창 6:3)"

하나님의 영은 영원히 사람과 함께 하지 않는다고 기록되어 있습니다. 육체를 섬기는 동안은 하나님은 우리와 함께 하시지 않는다는 겁니다. 우리 육체를 보게 만드는 사람의 생각이 없어지지 않으면 하나님의 영은 우리와 함께 하시지 않는다고 말씀을 통해서 보여주시는 겁니다.

3

사람의 생각은 하나님의 세계를 원하지 않는다

사람의 생각은 하나님의 세계를 원하지 않는다

　이 세상에는 두 가지의 지식이 있습니다. 하나는 영의 세계(성경의 세계)이며 또 다른 하나는 육의 세계입니다. 육의 세계는 보이는 세계로 육체를 보게 만드는 지식, 즉 창세기에서 볼 수 있듯이 뱀을 통해서 이 땅의 모든 사람들 마음을 움직여 오직 본 것만을 신뢰하는 지식입니다. 이것이 바로 육의 세계입니다. 사람의 생각에 육체가 중심이 되어 육체를 섬기고 또 육체를 위해서만 행동하게 되는 세계입니다. 이 땅의 모든 사람들이 이 지식을 따라서 정해진 70~80년을 살아가고 있습니다.
　반대로 영의 세계는 성경의 기록을 통해서 우리에게 보여주는 하나님의 세계, 육의 눈에는 보이지 않는 영적인 세계입니다. 또 영이라는 것은 다른 말로 하면 지식, 생각, 성령, 생명의 법, 지혜, 예수, 하나님을 이야기하고 있는 성경의 기록에 의한 지식입니다.

그리고 성경에서는 사람의 지식을 거짓, 마귀, 사탄, 악령, 세상의 영, 악함, 더러움, 없어져야 될 것, 용서받지 못할 것이라고 기록하고 있습니다. 성경을 기준으로 삼아 모든 것을 판단해 보면 이 땅은 에덴이 아닙니다. 우리는 하나님의 말씀을 불신하고 뱀으로부터 사탄의 지식을 받아들이면서 하나님을 떠나게 되었고, 육체를 섬기면서 하나님을 저버렸습니다. 그래서 에덴에서 쫓겨나 이 세상에 살게 되었고 그 결과 하나님을 잃어버린 우리 인간은 수고로움과 슬픔, 괴로움, 사망을 겪게 되었던 것입니다.

이제 사람의 생각으로는 하나님을 볼 수도 없고, 알 수도, 믿을 수도 없습니다. 그러나 우리는 다시 믿음을 가질 수 있는 길이 있습니다. 우리 자신의 생각이 싫어졌을 때 우리의 마음이 하나님을 찾아가서 말씀을 받을 수 있습니다. 그 말씀을 받아들이면 믿음의 세계, 순종의 세계, 받아들이는 세계가 느껴질 겁니다. 그 세계는 우리가 육신을 섬기는 지식이 잘못된 것을 깨달았을 때 얻을 수 있는 새로운 세계입니다. 즉, 육신의 세계가 끝나고 얻을 수 있는 새로운 세계가 믿음의 세계라는 것입니다. 그래서 사람의 생각으로는 이 하나님을 알 수가 없다고 하는 것입니다. 이 말을 증명해 줄 수 있는 성경의 기록을 찾아보겠습니다.

"하나님의 지혜에 있어서는 이 세상이 자기 지혜로 하나님을 알지 못하므로 하나님께서 전도의 미련한 것으로 믿는 자들을 구원하시기를 기뻐하셨도다 (고전 1: 21)"

하나님의 지혜란 무엇일까요?
'이제 너희가 여호와의 말씀을 버렸으니 무슨 지혜가 있으랴' 인간의 생각으로는 하나님의 말씀, 하나님의 생각, 하나님의 지혜를 감히 알지 못합니다. 사람이 자기의 생각에 갇혀 도저히 하나님을 알 수가 없음을 기록해 놓은 것입니다.

또 다른 기록도 볼 수 있습니다.

"그러면 어떠하냐 우리는 나으냐 결코 아니라 유대인이나 헬라인이나 다 죄 아래에 있다고 우리가 이미 선언하였느니라 (롬 3:9)"

이 기록의 의미는 모든 사람이 죄 아래 있으며 육체를 위하는 생각을 따라 살아간다는 것입니다. 죄를 섬기는 사람들의 한계도 성경에서 말하고 있습니다.

"기록된바 의인은 없나니 하나도 없으며 깨닫는 자도 없고 하나님을 찾는 자도 없고 다 치우쳐 함께 무익하게 되고 선을 행하는 자는 없나니 하나도 없도다 (롬 3:10-12)"

성경에서는 사람의 생각을 믿고 살아가는 우리들이 하나님을 거부하고 있다고 기록하고 있습니다.

의인은 옳은 사람이며 하나님의 영을 받은 사람인데 옳은 사람은 하나도 없다는 겁니다. 그리고 깨닫는 자도 없고 하나님을 찾는 자도 없다고 합니다. 우리 생각은 하나님을 찾지도 않을 뿐만 아니라 하나님을 깨달을 수도 없다는 것입니다.

선은 하나님이십니다. 그런데 성경은 사람들의 마음에 선이 없으며 선을 원하지도 않고, 선을 행하지도 않는다고 이야기합니다. 사람들의 마음속에 하나님은 없다는 것이고 결국 우리는 악을 행한다는 겁니다.

"그들의 목구멍은 열린 무덤이요 그 혀로는 속임을 일삼으며 그 입술에는 독사의 독이 있고 그 입에는 저주와 악독이 가득하고 그 발은 피 흘리는 데 빠른지라 (롬 3:13-15)"

성경에는 죄는 사람의 생각에서 비롯되며 우리 사람들의 생각으로는 죄를 짓는 것밖에 하지 못한다고 기록되어 있습니다. 그래서 오는 결과는 "파멸과 고생이 그 길에 있어 평강의 길을 알지 못하였고 (롬 3:16-17)" 죄밖에 짓지 못하니까 죄의 결과론은 파멸과 고생이라는 겁니다.

"그들의 눈앞에 하나님을 두려워함이 없느니라 함과 같으니라 (롬 3:18)"

하나님을 두려워하지 않는다는 것은 사람의 생각으로는 하나님을 알지 못하기 때문입니다. 알지 못하기 때문에 두려움도 없는 것이지요.
또 다른 기록에서는 다음과 같이 말합니다.

"어리석은 자는 그의 마음에 이르기를 하나님이 없다 하도다 그들은 부패하며 가증한 악을 행함이여 선을 행하는 자가 없도다 (시 53:1)"

하나님의 지식, 하나님의 지혜가 없는 자는 보이는 것만 신뢰하기 때문에 보이지 않는 것은 신뢰하지 못합니다. 그럼에도 불구하고 이 땅의 많은 사람들이 하나님을 믿고 있습니다. 이 사람들이 하나님을 믿는 이유는 혹시나 죽어서 천국이 있지나 않을까, 그리고 이 땅에 살면서 혼자 살기 너무 힘들기 때문이라는 겁니다. 신에게 의지하면서 자기 마음을 다스린다는 것이지요. 결국 실제로는 하나님을 믿지 않는다는 것입니다.

"하나님이 하늘에서 인생을 굽어 살피사 지각이 있는 자와 하나님을 찾는 자가 있는가 보려 하신즉 각기 물러가 함께 더러운 자가 되고 선을 행하는 자 없으니 한 사람도 없도다 (시 53:2-3)"

하나님이 우리 인간 세상을 굽어봤을 때 하나님을 찾는 자가 한 사람도 없다는 말씀입니다. 이 땅에 하나님을 믿고 있는 모든 이들은 진정으로 하나님을 찾는 것이 아니라 자기 육체의 유익을 위해서 자기 하나님을 섬기고 있다는 것입니다.

"너희는 예루살렘 거리로 빨리 다니며 그 넓은 거리에서 찾아보고 알라 너희가 만일 정의를 행하며 진리를 구하는 자를 한 사람이라도 찾으면 내가 이 성읍을 용서하리라 그들이 여호와께서 살아 계심을 두고 맹세할지라도 실상은 거짓 맹세니라 (렘 5:1-2)"

예루살렘은 하나님의 성전이 있는 곳인데, 성전이 있는 곳에는 하나님이 계십니다. 하나님께서는 큰 예루살렘의 거리에서 정의를 행하며 진리를 구하는 자를 찾아보라고 하십니다. 정의를 행하며 진리를 구하는 자는 하나님을 찾는 자이니, 하나님의 뜻을 행하는 자를 한 사람이라도 찾으면 이 성읍을 용서하신다는 말씀입니다. 그러나 예루살렘, 하나님이 계시는 하나님의 성전이 있는 그곳에서 하나님을 찾는 사람이 한 사람도 없었던 것입니다.

2절에 '그들이 여호와께서 살아 계심을 두고 맹세할지라도 실상은 거짓 맹세니라' 했듯이 하나님을 찾는 자라도 사실은 거짓으로 찾는다는 겁니다. 사람들은 자기의 유익을 위해서 하나님을 찾는 것이지 진실된 마음으로 하나님을 찾는 것이 아니라는 것이지요.

"이 예루살렘 백성이 항상 나를 떠나 물러감은 어찌함이냐 그들이 거짓을 고집하고 돌아오기를 거절하도다 (렘 8:5)"

성경에서는 하나님의 말씀이 진리라고 말하고 있습니다. 예수님께서도 '내가 곧 진리다'라고 이야기하셨습니다. 예수님이 아닌 모든 것은 거짓이라는 겁니다. 사람들이 거짓을 고집하는 이유는 모든 사람들이 자기 생각을 옳다고 믿기 때문입니다. 자기 생각을 옳다고 믿기 때문에 거짓을 고집하고 하나님께로 돌아오기를 거절한다는 것이지요.

"내가 귀를 기울여 들은즉 그들이 정직을 말하지 아니하며 그들의 악을 뉘우쳐서 내가 행한 것이 무엇인고 말하는 자가 없고 전쟁터로 향하여 달리는 말 같이 각각 그 길로 행하도다 (렘 8:6)"

정직은 하나님의 말씀입니다. 그런데 사람들이 말씀을 말하지 않고 자기의 생각을 살펴보지 않는다는 겁니다. 그저 사람의 생각이 다 옳다고 여기는 것이지요. 자신의 생각이 하나님의 생각보다 훨씬 옳다고 하면서 자기가 생각하는 대로 행하며 살아간다는 것입니다.

"지혜롭다 하는 자들은 부끄러움을 당하며 두려워 떨다가 잡히리라 보라 그들이 여호와의 말을 버렸으니 그들에게 무슨 지혜가 있으랴 (렘 8:9)"

성경에서는 내 생각이 옳다고 하는 사람들은 부끄러움을 당할 것이라고 말씀합니다. 하나님은 사람들에게 하나님의 말씀이 지혜라고 알려주고 계십니다. 하나님의 말씀은 하나님의 생각인데, 하나님의 생각이 곧 지혜라고 성경은 이야기하고 있습니다. 하나님의 말씀을 우리가 받아들이게 될 때 우리 마음에 하나님의 지혜가 느껴진다는 것입니다.

"여호와께서 이와 같이 말씀하시되 지혜로운 자는 그의 지혜를 자랑하지 말라 용사는 그의 용맹을 자랑하지 말라 부자는 그의 부함을 자랑하지 말라 (렘 9:23)"

하나님은 사람들의 생각에서 가장 원하고 추구하는 모든 것을 자랑하지 말라고 말씀하십니다. 지혜로운 자, 많이 배우거나 옳은 생각을 많이 가진 자는 그 생각을 자랑하지 말고 버리라는 것입니다. '용사는 그의 용맹을 자랑하지 말라'는 말씀은 남들보다 뛰어나고 힘이 센 용사라 할지라도 자랑하지 말고, 모든 사람들이 부러워하는 부자도 자랑하지 말고 버리라는 겁니다.

"자랑하는 자는 이것으로 자랑할지니 곧 명철하여 나를 아는 것과 나 여호와는 사랑과 정의와 공의를 땅에 행하는 자인 줄 깨닫는 것이라 나는 이 일을 기뻐하노라 여호와의 말씀이니라 (렘 9:24)"

    성경은 하나님을 아는 것 외에 모든 것을 버리라고 말씀합니다. 하나님 외에 모든 것은 잘못되었다고 성경을 통해서 우리에게 가르쳐 주고 계십니다. 성경에서는 우리의 생각으로는 하나님을 만날 수도 없고 구원을 받을 수가 없으며 하늘나라에 갈 수가 없다고 말씀하십니다.

    성경을 통해서 보면 출애굽기 당시에 애굽 사람들은 장정만 60만 명이었습니다. 이들이 홍해를 가르고 애굽을 탈출하여 광야에 이르렀을 때 하늘에서 만나가 내리고 지면에는 메추라기가 90센티나 쌓여 양식을 해결할 수 있었습니다. 또 40년 동안 모세를 따라다니면서 불기둥과 구름기둥 등 수많은 기적을 보았는데도 하나님의 세계인 가나안에 들어간 사람은 20살 이상 여호수아와 갈렙 뿐이었습니다. 다른 사람들은 다시 광야로 끌려 나와서 하나님에게 죽임을 당했습니다.

    노아의 방주 때는 노아가 120년 동안을 준비하여 방주를 만들었지만 막상 물심판이 왔던 그때는 겨우 8명만이 구원받았습니다. 소돔과 고모라에 불심판이 왔을 때는 롯과 그의 딸 둘만 구원을 받았습니다.

    성경에 우리 인간의 모습으로 오신 분이 예수님입니다. 예수님이 이 땅에 오셔서 열두 제자를 택하였지만 베드로는 자기의 모든 것을 버리고 3년을 따라 다녔는데도 구원이 이루어지지 않았습니다. 유다는 예수님을 팔았고, 나머지 열한 명도 구원을 받지 못하였습니다. 예수님이 3일 만에 죽었다가 부활하신다고 수없이 가르쳤음에도 불구하고 예수님의 말씀이 제자들의 마음에 들리지를 않았던 것이지요.

우리 사람들의 생각이 우리 마음에 존재하는 이상 육의 세계를 섬기는 사람들은 보이는 것 외에는 신뢰하지 않습니다. 그렇기 때문에 보이지 않는 세계, 영의 세계, 하나님의 세계의 소리는 들을 수가 없습니다. 결국 육의 세계를 이야기하는 지식이 우리 마음에서 불신되지 않고는 영의 세계를 들을 수도 찾을 수도 없으며 원하지도 않는다는 것입니다.

> "생베 조각을 낡은 옷에 붙이는 자가 없나니 이는 기운 것이 그 옷을 당기어 해어짐이 더하게 됨이요 (마 9 : 16)"

생베 조각은 하나님의 말씀을 이야기 하는 것이고 낡은 옷은 사람의 생각을 이야기 하는 것입니다. 말씀을 생각에다가 가져다 붙이면 말씀의 뜻도 변질되고 올바른 믿음이 되지 않아 신앙생활이 평안하지 않고 고통스럽게 되는 것입니다.

그래서 하나님의 말씀은 말씀으로 보아야 되는 것입니다.

4

하나님의 말씀을
들을 수 없는 마음

하나님의 말씀을 들을 수 없는 마음

"그러나 깨닫는 마음과 보는 눈과 듣는 귀는 오늘 여호와께서 너희에게 주지 아니하셨느니라 (신 29:4)"

성경에서 사람은 경험한 것, 본 것, 자기가 느낀 것 외에는 모든 것을 인정하지 못한다고 말씀합니다. 밖에서 어떤 소리가 들려오더라도 우리 마음에 없는 소리는 들을 수 없고 느낄 수도 없다는 것입니다.

영어를 배우지 않았던 사람에게는 아무리 쉬운 영어로 이야기한다고 해도 그 뜻을 알아들을 수가 없습니다. 또 달에 가보지 않은 사람에게 달에 대해서 아무리 쉽게 설명을 해도 이해하지 못하는 것처럼, 우리 마음으로는 하나님의 세계를 알아들을 수가 없고 느낄 수도 없다는 것이지요. 우리 마음은 경험한 것, 내가 본 것 외에는 아무리 노력을 해도 들을 수도 느낄 수도 없기 때문입니다.

"우리는 자기를 칭찬하는 어떤 자와 더불어 감히 짝하며 비교할 수 없노라 그러나 그들이 자기로써 자기를 헤아리고 자기로써 자기를 비교하니 지혜가 없도다 (고후 10:12)"

'자기를 칭찬하는 자'는 자기가 옳다고 여기는 사람입니다. 이 세상의 많은 사람들은 자신이 옳다고 여깁니다. 한 살짜리 어린아이부터 백 살 노인까지 모두가 자기의 생각이 옳다고 합니다. 자기의 생각이 옳다고 느끼면 자기 생각과 다른 남의 생각은 다 틀리다고 느껴집니다.

많은 사람들이 자기 생각에 맞춰 생활을 하고 또 그 생각이 이루어지기를 바라면서 살아갑니다. 결국 우리가 우리 생각에서 벗어날 수 없는 이유는 경험한 것, 본 것, 느낀 것 내 생각이 인정하는 것까지만 받아들이며 내 생각밖에 없기 때문입니다. 이것을 비교할 데가 없다는 것이 문제입니다.

한 예를 들어 보겠습니다. 타잔이 밀림에서 40년을 살다가 세상에 처음 나와서 한 여자를 만났습니다. 여자를 처음 봤기 때문에 판단의 기준이 없어 그 여자가 예쁜지, 못났는지 알 수가 없습니다. 그런데 이 여자 외에 또 다른 여자를 데리고 오면 이제 비교 대상이 생깁니다. 그때부터 '저 여자가 예쁘구나' '이 여자는 저 여자보다 못났구나' 이렇게 비교를 하게 될 것입니다.

문제는 우리 생각은 비교할 데가 없다는 겁니다. 모든 사람들이 자기의 생각밖에 없으니 '무조건 옳다, 내 생각은 옳다'라는 답만 나오니까 비교할 데가 없는 것이지요. 내 생각만이 옳다고 여기니까 이제 남의 생각은 전혀 듣지 않게 됩니다. 왜일까요? 모든 기준이 내 생각에 맞춰져 있으니 다른 남의 생각은 옳다고 생각되지 않기 때문입니다. 내 생각이 옳다고 느끼는 모든 사람들은 남의 세계를 다 거부한다는 것입니다.

'그러나 그들이 자기로써 자기를 헤아리고 자기로써 자기를 비교를 하니' 이 말씀의 뜻은 모든 사물을 내 생각에 맞느냐, 그렇지 않느냐를 기준으로 헤아린다는 겁니다. 내 생각과 남의 생각을 비교하게 되면 그럼 무엇을 선택하겠습니까? 모든 사람들 마음속에 역사되어지는 생각은 육체를 위해서 만들어집니다. 남의 생각이 나와 나의 육체에 유익이 되는가, 아니면 내 생각이 육체에 유익이 되는가를 따져보게 되지요. 당연히 내 생각만큼 내 육체를 위해 줄 수 있는 것은 세상 어디에도 없다는 결론이 나옵니다. 그래서 남에게 '내 육체 좀 위해 주세요, 내 육체를 위할 수 있는 돈을 주세요' 이런 이야기를 하면 상대방의 입장에서 생각해 봤을 때는 그 사람에게는 해가 되는 일이지요. 이렇게 인간의 육체에 이익이 되는 생각에 붙들려 있다 보니 하나님의 말씀, 하나님의 생각을 들을 수가 없다는 겁니다.

"내가 땅의 일을 말하여도 너희가 믿지 아니하거든 하물며 하늘의 일을 말하면 어떻게 믿겠느냐 (요 3:12)"

이 말씀을 보면 우리는 예수님이 말씀하신 것처럼 땅의 일도 하늘의 일도 아무것도 믿지 않는다는 것입니다. 사람들은 오직 자신의 생각 외에는 아무것도 믿지 않는다는 말씀이지요. 한편 고린도후서 10장 12절에는 '지혜가 없도다'라고 기록되어 있습니다. 즉 우리 모든 인생들은 자기의 생각을 지키는 것이 그 사람들의 삶이라는 겁니다.

우리가 죽었다는 것은 영혼이 육체를 떠나갔다는 것인데, 영혼은 무엇입니까? 사람의 생각입니다. 사람의 생각이 육체를 떠난 상태를 보고 우리는 '죽었다'라고 표현합니다. 우리 영혼이 우리 마음에, 우리 속에 있을 때는 이 육체가 살아있는 것처럼 느끼지만 실제로 우리 육체는 살아있는 것도 죽은 것도 아닙니다. 육체에는 아무 생명력이 없지만 우리의 생각, 즉 영혼에 생명력이 있어 살아있는 듯이 느끼게 되는 것입니다. 몸에는 생명력이 없는데 육체를 위하는 생각이 우리를 속이기 위해서 육체가 살아있는 것처럼 느끼게 하고, 그 육체 뒤에 숨어서 모든 것을 거부하며 우리 육신을 섬기게 만듭니다.

"우리의 싸우는 무기는 육신에 속한 것이 아니요 오직 어떤 견고한 진도 무너뜨리는 하나님의 능력이라 모든 이론을 무너뜨리며 하나님 아는 것을 대적하여 높아진 것을 다 무너뜨리고 모든 생각을 사로잡아 그리스도에게 복종하게 하니 (고후 10:4-5)"

성경이 쓰인 이유는 우리의 육신을 섬기는 생각, 육신을 내세워 내 육체가 아닌 모든 것을 거부하게 하는 이 생각을 무너뜨리기 위해서입니다. 성경에서는 우리의 생각을 '견고한 진'이라고 표현하고 있습니다. '견고한 진'을 무너뜨리기 위해서 이 성경은 기록된 것입니다.

'하나님 아는 것을 대적하여' 이 말씀은 우리 생각이 하나님의 말씀을 대적한다는 의미입니다. 모든 사람들이 생명이 없는 육신을 섬기는 이유는 하나님의 말씀을 듣지 못하게 하기 위해서 생각이 육신이라는 명분을 구실삼아 대적한다는 것입니다.

'하나님 아는 것을 대적하여 높아진 것을 다 무너뜨리고 모든 생각을 사로잡아 그리스도에게 복종하게 하니' 이 말씀은 우리의 생각이 다 무너지고 난 후에야 그때 비로소 우리 마음에 하나님의 말씀이 들어온다는 것입니다. 우리의 생각이 무너지기 전까지는 결코 하나님의 말씀이 들릴 수가 없다는 것이지요.

"주께서 주신 권세는 너희를 무너뜨리려고 하신 것이 아니요 세우려고 하신 것이니 내가 이에 대하여 지나치게 자랑하여도 부끄럽지 아니하리라 (고후 10:8)"

사도 바울은 하나님이 우리 생각을 다 무너뜨리고 없애는 이유가 우리를 죽이려고 하는 것이 아니라 우리를 살리고, 우리를 세우기 위해서라고 말합니다. 우리가 하나님의 세계를 만나기 위해서는 우리 세계를 다 무너뜨려야만 합니다. 그래야만 하나님의 세계에 들어갈 수 있다고 사도 바울은 이야기하고 있습니다.

이에 대하여 '지나치게 자랑하여도 부끄럽지 아니하다'는 것은 말씀이 틀리지 않았다는 겁니다. 성경을 통해서 봤을 때 우리의 모든 생각이 끝날 때에만 하나님, 즉 신의 세계로 들어갈 수 있음을 알 수 있습니다.

"이사야의 예언이 그들에게 이루어졌으니 일렀으되 너희가 듣기는 들어도 깨닫지 못할 것이요 보기는 보아도 알지 못하리라 이 백성들의 마음이 완악하여져서 그 귀는 듣기에 둔하고 눈은 감았으니 이는 눈으로 보고 귀로 듣고 마음으로 깨달아 돌이켜 내게 고침을 받을까 두려워함이라 하였느니라 (마 10:14-15)"

우리 사람들 속에 만들어져 있는 육체를 위하는 생각은 이제 하나님의 말씀을 들어도 깨닫지 못하고, 보지도 못하게 합니다. 왜 그럴까요? 사람의 생각은 육체의 유익만을 위해서 작동하며,

육체가 생명을 다하면 하나님이 만든 혼을 지옥으로 인도하려고 하기 때문입니다. 그리고 15절 말씀에 기록되어 있듯이 '눈으로 보고 귀로 듣고 마음으로 깨달아 돌이켜 내게 고침을 받을까 오히려 두려워한다'는 겁니다.

따라서 열심히 기도하고 봉사하고 헌금하고 찬양한다고 해서 하나님의 세계에 들어갈 수 있는 것이 아닙니다. 우리가 육체를 위하는 생각을 없애야 하나님의 말씀이 임하게 되고, 말씀이 임하게 되면 그때서야 하나님의 세계를 볼 수 있다고 성경은 기록하고 있습니다.

마태복음 11장 15절 말씀에도 이러한 우리 마음을 표현해 놨습니다.

"귀 있는 자는 들을지어다 이 세대를 무엇으로 비유할까 비유하건대 아이들이 장터에 앉아 제 동무를 불러 이르되 우리가 너희를 향하여 피리를 불어도 너희가 춤추지 않고 우리가 슬피 울어도 너희가 가슴을 치지 아니하였다 함과 같도다 (마 11:15)"

사람들의 마음이 피리를 불어도 춤추지 않는다는 것은 듣지 못하기 때문입니다. 아예 자신의 속에 있는 자기 생각에만 몰입되어 밖의 세계에는 관심이 없음을 의미합니다.

'슬피 울어도 너희가 가슴을 치지 아니하였다 함과 같도다' 하는 것은 우리 사람들은 내 생각의 세계, 내 세계만을 인정하고 살아갈 뿐 밖의 어떠한 소리도 들을 수 없는 상태가 되어 있다는 것입니다. 우리는 좋은 소리든 나쁜 소리든 이미 만들어져 있는 그 사람들 생각의 세계에서 인정이 될 때에만 들을 수 있고, 인정이 되지 않으면 듣지 않는다는 것이지요. 결국 자기의 세계에 완벽하게 갇혀버린 겁니다.

우리는 하나님의 말씀을 듣지 못해서 이 땅에서도 힘들고, 앞으로 다가올 내세에서도 하나님의 세계에 들어가지 못할 것입니다. 결국 영원한 불못에 들어갈 수밖에 없다고 성경은 기록하고 있습니다.

"새 포도주를 낡은 가죽 부대에 넣지 아니하나니 그렇게 하면 부대가 터져 포도주도 쏟아지고 부대도 버리게 됨이라 새 포도주는 새 부대에 넣어야 둘이 다 보전되느니라 (마 9 : 17)"

   새 포도주는 하나님의 말씀을 의미 하는 것이고 낡은 가죽 부대는 사람의 생각을 이야기 하는 것입니다. 사람의 생각을 가지고 하나님의 말씀을 들으면 사람의 생각에 맞게 말씀을 해석하기 때문에 하나님을 믿으면서 하나님을 믿지 않을 때 보다 더욱더 삶이 힘들어 지게 되는 것입니다. 사람의 생각으로 말씀을 듣는 것이 아니라 하나님의 말씀을 하나님의 말씀으로 듣게 되면 영원한 소망과 마음에 평안과 안식이 임할 수밖에 없습니다.

유대인 믿음의 결과

유대인 믿음의 결과

오늘날 성경과 하나님에 관해서 어떤 민족도 따라가지 못할 굳건한 믿음을 가지고 있는 이들이 유대인들입니다. 유대인은 하나님이 택한 백성이었고, 그들 중에서 많은 선지자들이 나왔습니다. 사람의 모습으로 이 세상에 오신 예수님도 유대인입니다.

부모님 때부터 교회를 다닌 사람들은 종종 '나는 모태신앙이다' 이렇게 이야기를 하면서 믿음을 자랑하지만, 유대인들이야말로 엄마 뱃속에서부터 성경을 배운다고 합니다. 유대인들인 이스라엘 민족은 하나님을 위해서 죽는 것을 가장 큰 영광이라고 여기고 있습니다. 또한 우리는 '다윗 왕'이라고 하면 성경에 나오는 이스라엘 왕이라고 막연하게 생각하지만 이스라엘 민족들은 다윗 왕을 자신들의 할아버지라고 생각합니다.

그런데 유대인들의 믿음이 사람의 모습으로 이 세상에 오신 예수님을 만나면서 문제가 생겼습니다. 유대인들은 하나님을 믿고 있었지만 그들의 생각과 예수님의 말씀은 너무 달랐던 것입니다. 그래서 그들은 예수님을 매일 따라 다니면서 시비를 걸고, 흠을 잡으려고 하다가 흠잡을 데가 없으니까 결국은 예수님을 죽여 버렸습니다. 이러한 유대인들의 믿음에 대해 성경은 다음과 같이 기록하고 있습니다.

"그런즉 우리가 무슨 말을 하리요 의를 따르지 아니한 이방인들이 의를 얻었으니 곧 믿음에서 난 의요 의의 법을 따라간 이스라엘은 율법에 이르지 못하였으니 어찌 그러하냐 이는 그들이 믿음을 의지하지 않고 행위를 의지함이라 부딪칠 돌에 부딪쳤느니라 (롬 9:30–32)"

성경에는 하나님을 믿은 이스라엘인들은 하나님의 세계에 들지 못하고 하나님을 믿지 않는 이방인들이 하나님의 세계에 들어갔다고 기록되어 있습니다. 이방인은 하나님을 믿지 않던 사람들인데 그들이 하나님의 세계에 들어가게 된 이유는 무엇일까요?

이방인들은 하나님을 믿지 않았지만 자기의 생각을 따라 열심히 살았습니다. 자신의 생각이 처음에는 좋은 것 같아 따랐지만 따라가 보면 아니고, 또 따라가 보면 아니고 이렇게 반복하다 보니 처음에 생각했던 것이 나중에 가보면 아니더라는 것을 느낀 것입니다. 그래서 자기의 생각이 무엇이 잘못되었는지 되돌아보다가 하나님의 말씀을 만나게 된 것이지요. 그때부터 자기의 잘못된 생각을 버리고 하나님 말씀의 세계에 들어가게 된 것입니다. 이러한 믿음에 대해 성경은 다음과 같이 말합니다.

"그러므로 믿음은 들음에서 나며 들음은 그리스도의 말씀으로 말미암았느니라 (롬 10:17)"

믿음이라는 것은 말씀이라는 겁니다. 말씀이 우리 마음에 들어와 있는 상태가 믿음이 있는 것이고, 말씀이 있다는 것이지요.

우리가 열심히 자기 생각을 따라 살다 보면 이 생각이 잘못된 것을 알게 되고, 무엇이 잘못됐는지 찾아가다가 말씀을 만나게 됩니다. 에덴에서 말씀을 잃어버려 세상에 오게 되었고, 그동안 하나님의 말씀 대신 거짓의 지식, 마귀의 지식을 따라 살아온 것을 알게 된 것이지요. 이 거짓된 지식 자체가 능력도 없으면서 능력이 있는 것처럼 사람들을 속여 왔다는 것을 깨닫게 된 것입니다.

의의 법을 좇아간 이스라엘이 법에 이르지 못한 이유는 무엇일까요? '어찌 그러하냐 이는 그들이 믿음을 의지하지 않고 행위를 의지함이라 부딪칠 돌에 부딪쳤느니라' 행위라는 것은 사람의 생각이 육체를 움직이는 것을 말합니다. 사람의 생각은 육체의 행위를 의지하기 때문에 영적인 하나님의 생각과 사람의 생각은 다를 수밖에 없습니다. 따라서 사람의 생각으로는 하나님을 믿으려고 아무리 노력해도 믿을 수 없는 것입니다.

"육신의 생각은 하나님과 원수가 되나니 이는 하나님의 법에 굴복하지 아니할 뿐 아니라 할 수도 없음이라 (롬 8:7)"

육신의 생각은 하나님과 원수가 된다고 합니다. 유대인은 육신의 생각으로 하나님을 믿으려고 했기 때문에 하나님 세계에 들어가지 못한 것입니다. 다시 말하면 하나님의 생각을 육신의 생각에다 맞춰달라고 하는 그런 믿음을 가지고 있었기 때문에 하나님의 세계에 들어가지 못했다고 기록하고 있습니다.

"내가 증언하노니 그들이 하나님께 열심이 있으나 올바른 지식을 따른 것이 아니니라 (롬 10:2)"

하나님에게 열심이 있는 것이 하나님의 지식을 좇은 것이 아니라는 겁니다. 하나님은 능력의 하나님이기 때문에 우리 인간들에게 열심히 하라고 시키지 않습니다. '내가 다 은혜를 베풀겠다'라고 하나님이 말씀하셨는데 우리가 무엇을 더 열심히 한다면 그것은 잘못됐다는 겁니다.

"하나님의 의를 모르고 자기 의를 세우려고 힘써 하나님의 의에 복종하지 아니하였느니라 (롬 10:3)"

하나님의 의의 뜻을 모른 채 이제 자기의 뜻을 세우려고 자기의 의를 옳다고 여기고 힘써 하나님의 의에 복종하지 않은 결과를 가지고 왔다는 겁니다.

"이사야는 매우 담대하여 내가 나를 찾지 아니한 자들에게 찾은 바 되고 내게 묻지 아니한 자들에게 나타났노라 말하였고 이스라엘에 대하여 이르되 순종하지 아니하고 거슬러 말하는 백성에게 내가 종일 내 손을 벌렸노라 하였느니라 (롬 10:20-21)"

성경에 보면 하나님을 찾은 사람들은 하나님을 만나지 못하고 하나님을 찾지 않은 사람들이 하나님을 만났다고 기록하고 있습니다. '내가 나를 찾지 않는 자에게 내가 찾은 바 되었고 내게 묻지 아니한 자들에게 내가 나타났노라' 이것은 사람의 생각이 지배하고 있으면 하나님을 만날 수가 없다는 뜻입니다.

하나님의 말씀에 순종하는 자, 하나님의 말씀이 좋다고 하는 자라면 그의 마음속에는 하나님의 말씀만 존재합니다. 그런데 자기 생각을 가지고 하나님을 찾는 사람들은 하나님에게 '하나님, 내 생각에 맞춰 주십시오' 하고 찾는다는 것이지요. 하나님의 말씀이 아닌 육신을 위하는 생각이 존재한다는 것은 이미 하나님을 거부하고 있다는 겁니다.

우리가 하나님을 찾는 이유가 혹시나 죽어서 천국이 있을까, 이 땅에서 삶이 고달프니 신을 믿으면 좀 위로가 되지 않을까 하는 것이라면 이는 육신의 욕망을 채우려는 것입니다. 이러한 목적으로 하나님을 찾으면 하나님이 무슨 말씀을 하셨든 말씀에는 관심이 없고 오로지 자기의 생각에만 관심이 있게 됩니다.

"만일 은혜로 된 것이면 행위로 말미암지 않음이니 그렇지 않으면 은혜가 은혜 되지 못하느니라 그런즉 어떠하냐 이스라엘이 구하는 그것을 얻지 못하고 오직 택하심을 입은 자가 얻었고 그 남은 자들은 우둔하여졌느니라 기록된 바 하나님이 오늘까지 그들에게 혼미한 심령과 보지 못할 눈과 듣지 못할 귀를 주셨다 함과 같으니라 (롬 11:6-8)"

은혜라는 것은 하나님의 말씀을 의미합니다. 인간의 생각은 행위를 목표로 하기 때문에 은혜를 사람의 생각으로 말미암아 구할 수 있는 것이 아닙니다. 사람의 생각으로 은혜를 구할 수 있다면 결국은 하나님이 능력이 없는 분이 되어 버립니다.

8절에서는 혼미한 심령이 하나님의 영이 아닌 다른 영이 있기 때문에 하나님의 말씀을 듣지 못한다는 겁니다. 자기 생각으로 하나님을 믿으려고 하는 유대인들은 말씀을 듣지 못하고, 믿어지지 않으니까 별도로 구하는 것이 있습니다.

"유대인은 표적을 구하고 헬라인은 지혜를 찾으나 (고전 1:22)"

사람의 생각은 육체가 하나님이라고 하는데 성경 말씀은 하나님은 영이시라고 이야기하고 있습니다. 사람의 생각은 보이는 것에 의지하고 있는데 말씀은 보이지 않는 신을 이야기하고 있으니 유대인들은 도저히 이것을 믿을 수도, 이해할 수도, 깨달을 수도 없었습니다. 그래서 자꾸 보이는 표적을 구한다는 겁니다. 성경에서는 그 이유를 보여줍니다.

"목이 곧고 마음과 귀에 할례를 받지 못한 사람들아 너희도 너희 조상과 같이 항상 성령을 거스르는도다 (행 7:51)"

마음과 귀에 할례를 받지 못했다는 것은 마음의 귀를 닫고 있다는 의미입니다. 할례는 남자의 성기 표피를 잘라내는 것인데, 우리의 육체를 위하는 생각과 세상에 살고 싶어 하는 마음이 하나님을 거부하고 할례를 받지 못한 것과 같다는 겁니다. 사람의 생각은 육신에 유익이 되지 않는 소리는 듣지 못한다는 것이지요.

"이에 예수께서 무리와 제자들에게 말씀하여 이르시되 서기관들과 바리새인들이 모세의 자리에 앉았으니 그러므로 무엇이든지 그들이 말하는 바는 행하고 지키되 그들이 하는 행위는 본받지 말라 그들은 말만 하고 행하지 아니하며 또

무거운 짐을 묶어 사람의 어깨에 지우되 자기는 이것을 한 손가락으로도 움직이려 하지 아니하며 (마 23:1-4)"

유대인들, 서기관, 바리새인들은 말로는 하나님을 믿어야 된다고 하면서 행동하지는 않는다는 것입니다. 겉으로는 하나님을 찬송하고 기도하지만 실상은 하나님을 빙자해 육신을 섬기면서 돈을 요구하거나 육체의 유익이 되는 것을 바란다는 것이지요. 그들은 하나님에 대해서 어떤 믿음이 있어 계명을 지키는 것이 아니라 자기들의 생각을 따라 산다는 겁니다.

"화 있을진저 외식하는 서기관들과 바리새인들이여 너희는 교인 한 사람을 얻기 위하여 바다와 육지를 두루 다니다가 생기면 너희보다 배나 더 지옥 자식이 되게 하는도다 (마 23:15)"

성경에서는 서기관과 바리새인들이 교인 하나를 얻기 위해서 바다와 육지를 두루 다니다가 한 사람을 만나면 그들 자신보다 더 지옥의 자식으로 만들게 된다고 말씀합니다. 지옥 자식이 무엇인가 하면 말로는 하나님 이야기를 하면서 실제로는 자기의 유익을 구하는 자입니다. '하나님께 복을 받으려면 헌금을 하십시오, 찬송을 하십시오, 기도를 하십시오'라고 하면서 하나님의 지식이 아닌, 사람들 속에 역사되어지는 마귀의 지식을 믿도록 그렇게 가르치는 것입니다.

"화 있을진저 외식하는 서기관들과 바리새인들이여 잔과 대접의 겉은 깨끗이 하되 그 안에는 탐욕과 방탕으로 가득하게 하는도다 (마 23:25)"

외식한다는 것은 무슨 의미일까요? 외식, 밖을 보게 만든다, 껍데기를 보게 만든다는 이 말의 뜻은 사람의 생각은 육체만을 본다는 겁니다. 이 껍데기, 즉 육체를 보여주고 마음에 있는 것이나 그 안에 담긴 생각은 보여주지 않는다는 것이지요.

가령 비유를 한다면 식당에 들어가서 '아줌마, 예쁜 그릇에 아무거나 담아 주세요' 하듯이 음식에는 신경을 안 쓰고 밥그릇에만 신경을 쓰는 겁니다. 이것이 사람들의 지식입니다. 내 마음에 어떤 생각이 들어있는지는 보여주지 않고, 내 몸이 어떠한지만 자꾸 보여줍니다. 하나님의 말씀을 듣지 못하게 하기 위함입니다.

"눈 먼 바리새인이여 너는 먼저 안을 깨끗이 하라 그리하면 겉도 깨끗하리라 (마 23:26)"

깨끗한 생각을 가지게 되면 우리 행동도 깨끗해집니다. 그런데 우리는 속에 있는 생각은 더러운 것을 가지고 있으면서 선하고 깨끗하게 살려고 하니까 너무 힘들다는 겁니다.

"화 있을진저 외식하는 서기관들과 바리새인들이여 회칠한 무덤 같으니 겉으로는 아름답게 보이나 그 안에는 죽은 사람의 뼈와 모든 더러운 것이 가득하도다 이와 같이 너희도 겉으로는 사람에게 옳게 보이되 안으로는 외식과 불법이 가득하도다 (마 23:27-28)"

우리 생각의 문제점은 육신에만 지나치게 관심을 가진다는 것입니다. 우리가 안으로 관심을 돌려 생각을 살피고 잘못된 것을 발견하여 하나님의 생각으로 바꾸면, 선하게 살 수 있고 선한 마음에 좋은 형편이 만들어집니다. 반면 악한 생각을 가지고 있으면 험악한 형편이 만들어집니다. 그런데 사람들의 생각은 안을 보여주지 않고 늘 겉에 있는 육신의 행위에만 관심을 갖게 만든다는 겁니다.

"예루살렘아 예루살렘아 선지자들을 죽이고 네게 파송된 자들을 돌로 치는 자여 암탉이 그 새끼를 날개 아래에 모음 같이 내가 네 자녀를 모으려 한 일이 몇 번이더냐 그러나 너희가 원하지 아니하였도다 (마 23:37)"

유대인의 마음속에 있는 이 지식은 하나님을 원하지 않고 하나님의 종들을 죽인다는 말씀입니다. 왜 그럴까요? 원하지 않는다는 겁니다. 사람의 생각이 지배하는 이상 사람들은 유대인처럼 늘 하나님을 믿으려고 노력은 하지만 하나님을 거부하는 지식이 있기 때문에 믿음의 세계에 들어가지 못하는 것입니다.

"이르시되 이사야가 너희 외식하는 자에 대하여 잘 예언하였도다 기록하였으되 이 백성이 입술로는 나를 공경하되 마음은 내게서 멀도다 사람의 계명으로 교훈을 삼아 가르치니 나를 헛되이 경배하는도다 하였느니라 너희가 하나님의 계명은 버리고 사람의 전통을 지키느니라 또 이르시되 너희가 너희 전통을 지키려고 하나님의 계명을 잘 저버리는도다 (막 7:6-9)"

유대인들이나 지금의 하나님을 믿는 기독교인들이나 다 똑같습니다. 입술로는 '하나님을 믿습니다' 하고 말하면서 자녀들한테는 세상에 살기 위한 지식을 배우라고 합니다. 자기는 하나님을 이야기하면서 자녀에게는 하나님의 지식이 아닌 세상의 지식을 배워 이 세상에서 잘 살도록 가르칩니다. 성경에서 말하는 사단의 지식을 많이 받아서 땅에서 잘 살라고 가르치는 겁니다. 입술로는 하나님을 공경하되 마음은 육체의 행위에 두고 있어서, 말씀을 듣거나 하나님에 대해서 생각을 하거나 하나님의 뜻을 행하려고 하지 않습니다. 오로지 사람들이 좋아하는 돈을 많이 벌어 이 세상에 영원히 살고 싶어 한다는 겁니다.

7장 말씀에 보면 하나님의 말씀이 믿음을 일으키고 그 말씀으로 말미암아 하나님의 세계를 알 수 있다고 합니다. 그런데 하나님의 말씀에 사람의 생각을 더해서 가르치니까 처음에는 하나

말씀으로 시작했지만 결국은 사람의 생각에 유익을 구하는 결과를 가져온다는 겁니다.

8절 말씀에는 사람들이 하나님의 말씀을 사람의 전통이나 생각보다 가치 없는 것처럼 저버리고, 사람의 전통으로 사람의 생각을 지킨다고 기록되어 있습니다. 사람의 전통과 하나님의 계명을 동시에 섬길 수는 없습니다. 그런데 사람들이 하나님의 계명을 사람의 전통과 섞어서 사람의 전통에 맞도록 하나님의 말씀을 변화시켜 버린다는 겁니다.

"또 자기를 의롭다고 믿고 다른 사람을 멸시하는 자들에게 이 비유로 말씀하시되 두 사람이 기도하러 성전에 올라가니 하나는 바리새인이요 하나는 세리라 바리새인은 서서 따로 기도하여 이르되 하나님이여 나는 다른 사람들 곧 토색, 불의, 간음을 하는 자들과 같지 아니하고 이 세리와도 같지 아니함을 감사하나이다 나는 이레에 두 번씩 금식하고 또 소득의 십일조를 드리나이다 하고 세리는 멀리 서서 감히 눈을 들어 하늘을 쳐다보지도 못하고 다만 가슴을 치며 이르되 하나님이여 불쌍히 여기소서 나는 죄인이로소이다 하였느니라 내가 너희에게 이르노니 이에 저 바리새인이 아니고 이 사람이 의롭다 하심을 받고 그의 집으로 내려갔느니라 무릇 자기를 높이는 자는 낮아지고 자기를 낮추는 자는 높아지리라 하시니라 (눅 18:9-14)"

사람들이 마귀의 지식을 가지고 있기 때문에 우리는 자신이 옳다고 느낀다는 겁니다. '나는 다른 사람들 곧 토색, 불의, 간음을 하는 자들과 같지 아니하고 이 세리와도 같지 아니함을 감사하나이다' 다른 사람들과 같지 아니하다고 말하는 이 사람은 누구일까요? 바리새인은 '나는 이레에 두 번씩 금식하고 또 소득의 십일조를 드리나이다'라고 말하며 자기가 하는 모든 것은 완벽하다고 생각합니다. 자신은 하나님과 같다는 겁니다.

한편 세리는 하나님께 자신의 모든 것은 틀렸다고 고백합니다. '멀리 서서 감히 눈을 들어 하늘을 쳐다보지도 못하고 다만 가슴을 치며 이르되 하나님이여 불쌍히 여기소서 나는 죄인이로소이다 하였느니라' 하나님, 내 모든 것은 틀렸습니다, 당신의 것을 저에게 채워주소서라며 하나님을 두려워합니다.

바리새인들은 자기 속에 있는 것이 무엇인지 알지도 못한 반면 세리는 자기 속에 있는 것은 죄밖에 없고 자신은 죄인이라고 자책하는 모습이 성경에 기록되어 있습니다. 세리가 자기 속에 죄가 있다고 말하는 것은 자신의 모든 것을 다 버린다는 의미입니다. 왜냐하면 죄를 가지고 다닐 사람은 없기 때문입니다. 당연히 하나님의 것을 받을 수밖에 없습니다.

'자기를 높이는 자', 나를 높인다는 것은 '내가 옳다'고 하는 생각이 많다는 것입니다. 그것이 자기를 높이게 되고 반면에 내가 옳다는 생각을 다 빼버리면 내 생각이 옳은 것이 하나도 없으니까 나는 낮고 없으며 겸손하다는 겁니다. '교만하다'와 '겸손하다'

의 차이점은 내 생각이 많은가, 적은가의 차이입니다. 그리고 사람의 생각이 완전히 끝나면 하나님의 말씀이 들리고 하나님의 세계가 보인다는 것입니다.

"내가 네 환난과 궁핍을 알거니와 실상은 네가 부요한 자니라 자칭 유대인이라 하는 자들의 비방도 알거니와 실상은 유대인이 아니요 사탄의 회당이라 (계 2:9)"

이 땅에 모든 사람이 하나님을 믿고 있다고는 하지만 하나님의 말씀에는 그것이 하나님을 믿는 것이 아니라 사탄을 믿고 있다는 겁니다.

"여호와의 말씀이니라 보라 날이 이르면 할례 받은 자와 할례 받지 못한 자를 내가 다 벌하리니 곧 애굽과 유다와 에돔과 암몬 자손과 모압과 및 광야에 살면서 살쩍을 깎은 자들에게라 무릇 모든 민족은 할례를 받지 못하였고 이스라엘은 마음에 할례를 받지 못하였느니라 하셨느니라 (렘 9:25-26)"

이방인들은 하나님의 말씀 자체를 인정하지 않았기 때문에 할례를 받지 않았고 유대인들은 말씀을 인정했지만 하나님의 뜻을 알지 못했습니다. 하나님께서는 유대인들이 마음의 할례, 즉 사람의 생각을 없애기를 원하셨는데 유대인들은 하나님의 말씀을 오해하여 육체의 할례를 행하였던 것입니다. 결국 할례를 받지 않은 이 방인이나 할례를 받은 유대인이나 하나님의 말씀에서 벗어났기 때문에 둘 다 벌을 받을 수밖에 없다고 기록하고 있습니다.

6

불신의 원인

불신의 원인

성경에서는 우리 마음에 하나님이 아닌 사단이 있어서 말씀이 믿어지지 않는다고 기록하고 있습니다. 그렇다면 사단이 무엇인지 성경의 기록을 통해서 알아보도록 하겠습니다.

"이에 예수께서 말씀하시되 사탄아 물러가라 기록되었으되 주 너의 하나님께 경배하고 다만 그를 섬기라 하였느니라 (마 4:10)"

사탄은 하나님의 말씀과 다른 것을 가리킵니다. 예수님께서는 사람의 생각을 사탄이라고 이야기하고 있습니다.

"이 때로부터 예수 그리스도께서 자기가 예루살렘에 올라가 장로들과 대제사장들과 서기관들에게 많은 고난을 받고 죽임을 당하고 제삼일에 살아나야 할 것을 제자들에게 비로소 나타내시니 베드로가 예수를 붙들고 항변하여 이르되 주여 그리 마옵소서 이 일이 결코 주께 미치지 아니하리이다 예수께서 돌이키시며 베드로에게 이르시되 사탄아 내 뒤로 물러가라 너는 나를 넘어지게 하는 자로다 네가 하나님의 일을 생각하지 아니하고 도리어 사람의 일을 생각하는도다 하시고 이에 예수께서 제자들에게 이르시되 누구든지 나를 따라오려거든 자기를 부인하고 자기 십자가를 지고 나를 따를 것이니라 누구든지 제 목숨을 구원하고자 하면 잃을 것이요 누구든지 나를 위하여 제 목숨을 잃으면 찾으리라 사람이 만일 온 천하를 얻고도 제 목숨을 잃으면 무엇이 유익하리요 사람이 무엇을 주고 제 목숨과 바꾸겠느냐 (마 16:21-26)"

우리가 목숨을 지니고 있는 것은 영, 즉 생각이 있기 때문입니다. 사람들은 육체를 지키려고 사는 것이 아니라 생각을 지키기 위해서 살아갑니다. 삶이라는 것은 육체에서 영혼이 떠나가기 전까지를 의미합니다. 영혼이 육체를 떠나가면 '죽었다'고 합니다. 죽은 자는 생각을 할 수가 없지요. 여기서 생각은 목숨입니다.

이 말씀에서 예수님은 '내가 대제사장들과 서기관들에게 많은 고난을 받고 죽임을 당하고 제삼일에 살아난다'라고 이야기하십니다. 그 말씀을 들은 예수님의 제자 중에 베드로가 '그리 마옵소서 이 일이 결코 주께 미치지 아니하리이다'라고 만류합니다. 예수님을 따르는 제자이지만 예수님과는 다른 생각을 가지고 있습니다. 예수님이 성경에 기록된 예언대로 앞으로 일어날 일을 말씀하시며 죽었다가 삼 일만에 부활한다고 말씀하시자 베드로가 '그런 일은 결코 주께 미치지 않습니다'며 항변하는 것입니다. 주의 말씀이 틀렸다는 것이지요. 주님의 생각은 잘못되었고 그런 일은 일어나지 않을 거라고 예수님의 말씀과 반대되는 말을 하고 있습니다.

"그런데 뱀은 여호와 하나님이 지으신 들짐승 중에 가장 간교하니라 뱀이 여자에게 물어 이르되 하나님이 참으로 너희에게 동산 모든 나무의 열매를 먹지 말라 하시더냐 여자가 뱀에게 말하되 동산 나무의 열매를 우리가 먹을 수 있으나 동산 중앙에 있는 나무의 열매는 하나님의 말씀에 너희는 먹지도 말고 만지지도 말라 너희가 죽을까 하노라 하셨느니라 뱀이 여자에게 이르되 너희가 결코 죽지 아니하리라 너희가 그것을 먹는 날에는 너희 눈이 밝아져 하나님과 같이 되어 선악을 알 줄 하나님이 아심이니라 (창 3:1-5)"

창세기에서 이미 하나님의 말씀과 반대되는 소리를 뱀이 하고 있습니다. 다시 마태복음 16장 말씀으로 돌아가면 여기에서도 예수님의 말씀과 반대되는 소리를 예수님의 제자인 베드로가 이야기하고 있다는 겁니다. 이에 대해 예수님께서는 '돌이키시며 베드로에게 이르시되 사탄아 내 뒤로 물러가라 너는 나를 넘어지게 하는 자로다' 하시며 엄히 꾸중하십니다.

영의 세계에서 보면 예수님은 하나님의 말씀이 옳다고 하시면서 하나님의 말씀을 증거하기 위해서 이 땅에 오셨습니다. 그런데 이 땅, 이 세상의 백성은 무엇을 증거하기 위해서 삶을 살아가고 있는가 하면 사탄이 옳다고 증거하기 위해서 살아간다는 것입니다. 자기도 모르게 그렇게 살아간다는 겁니다.

베드로는 자기도 모르게 마음속에서 일어나는 생각을 이야기했는데 예수님께서는 '사탄아 내 뒤로 물러가라'고 말씀하셨습니다. '네가 하나님의 일을 생각하지 아니하고 도리어 사람의 일을 생각하는도다' 하십니다. 사람의 일을 생각하는 것, 육체를 생각하는 것, 육신을 위하는 생각을 섬기는 것이 바로 사탄입니다.

"그 눈을 뜨게 하여 어둠에서 빛으로, 사탄의 권세에서 하나님께로 돌아오게 하고 죄 사함과 나를 믿어 거룩하게 된 무리 가운데서 기업을 얻게 하리라 하더이다 (행 26:18)"

성경을 통해서 볼 때 사단의 권세는 곧 사람의 생각을 이야기하고 있음을 알 수 있습니다. 하나님은 성경의 세계, 즉 말씀이 바로 하나님인데 하나님의 말씀을 섬기게 되면 하나님께 돌아간다고 성경은 기록하고 있습니다.

"목이 곧고 마음과 귀에 할례를 받지 못한 사람들아 너희도 너희 조상과 같이 항상 성령을 거스르는도다 (행 7:51)"

마음과 귀에 할례를 받지 못했다는 것은 육체를 위하는 생각이 존재하고, 항상 내 생각이 앞서기 때문에 성령을 거스른다는 겁니다. 성령을 거스른다는 것은 에덴에서 왔던 뱀의 지식이며 육신을 섬기고 이 세상에 살고 싶어 하는 그 생각이지요. 바로 사단을 의미합니다.

"육신의 생각은 하나님과 원수가 되나니 이는 하나님의 법에 굴복하지 아니할 뿐 아니라 할 수도 없음이라 (롬 8:7)"

모든 사람들은 육신을 위하는 생각을 가지고 있습니다. 이 육신을 위하는 생각이 하나님과 원수가 된다는 겁니다. 육신의 생각이 사단이라는 것이지요. 사단의 생각을 가지고 있으면 하나님과 원수가 되는 것이고 따라서 하나님의 말씀을 전혀 듣지 못하게 됩니다.

"어찌하여 내 말을 깨닫지 못하느냐 이는 내 말을 들을 줄 알지 못함이로다 너희는 너희 아비 마귀에게서 났으니 너희 아비의 욕심대로 너희도 행하고자 하느니라 그는 처음부터 살인한 자요 진리가 그 속에 없으므로 진리에 서지 못하고 거짓을 말할 때마다 제 것으로 말하나니 이는 그가 거짓말쟁이요 거짓의 아비가 되었음이라 (요 8:43–44)"

하나님의 말씀을 듣지 못하는 이유는 마귀를 섬기고 있기 때문입니다. 요한복음에서는 육신의 생각은 마귀로부터 나왔다고 합니다. 마귀의 지식을 가지고 있으면 하나님을 믿으려고 노력을 해도 믿을 수가 없습니다. 마귀의 지식이 하나님의 말씀을 듣지 못하도록 방해하기 때문이지요. 그렇지만 생각이 마귀에서 나온 지식이라고 인정이 되면 그때는 자기의 생각을 버리게 된다는 겁니다.

'진리가 그 속에 없으므로 진리에 서지 못하고' 진리는 하나님의 말씀입니다. 하나님의 말씀이 그 속에 없으니까 하나님의 말씀이 아닌 육신의 생각이 있게 되는 겁니다. 말씀에서는 육신의 생각은 거짓이라고 표현하고 있는데 이 거짓을 말할 때마다 자기 것으로 말한다는 겁니다. 하나님이 우리를 창조하시고, 우리에게 허락하신 것은 하나님의 말씀이며 말씀 외에는 다른 것을 주신 적이 없습니다. 마귀의 지식은 처음부터 우리 것이 아닌데 우리의 것이라고 속고 있는 겁니다.

"시몬아, 시몬아, 보라 사탄이 너희를 밀 까부르듯 하려고 요구하였으나 그러나 내가 너를 위하여 네 믿음이 떨어지지 않기를 기도하였노니 너는 돌이킨 후에 네 형제를 굳게 하라 (눅 22:31-32)"

우리의 생각을 들여다보면 슬픔과 기쁨, 괴로움, 소망과 희망 등 수많은 생각들이 우리를 가만히 두지 않는다는 겁니다. '사탄이 너희를 밀 까부르듯 하려고 요구하였으나' 우리가 이 복잡한 생각에서 벗어나려면 믿음, 즉 하나님의 말씀이 우리 속에 임해야 합니다. 그래야 우리의 생각은 끝이 난다는 것입니다. 사람의 생각, 즉 사탄을 따라 사는 삶에서 하나님을 따라 사는 삶으로 돌이킨 후에 '네 형제들도 굳게 하라'고 성경은 기록하고 있습니다.

"이 백성이 입술로는 나를 공경하되 마음은 내게서 멀도다 사람의 계명으로 교훈을 삼아 가르치니 나를 헛되이 경배하는도다 하였느니라 하시고 무리를 불러 이르시되 듣고 깨달으라 입으로 들어가는 것이 사람을 더럽게 하는 것이 아니라 입에서 나오는 그것이 사람을 더럽게 하는 것이니라 (마 15:8-11)"

"예수께서 이르시되 너희도 아직까지 깨달음이 없느냐 입으로 들어가는 모든 것은 배로 들어가서 뒤로 내버려지는 줄 알지 못하느냐 입에서 나오는 것들은 마음에서 나오나니 이것이야말로 사람을 더럽게 하느니라 마음에서 나오는 것은 악한 생각과 살인과 간음과 음란과 도둑질과 거짓 증언과 비방이니 이런 것들이 사람을 더럽게 하는 것이요 씻지 않은 손으로 먹는 것은 사람을 더럽게 하지 못하느니라 (마 15:16-20)"

'입술로는 나를 공경하되 마음은 내게서 멀도다' 이 말씀은 사람이 하나님을 속이고 있다는 겁니다. 또 '사람의 계명으로 교훈을 삼아 가르치니 나를 헛되이 경배하는도다 하였느니라' 사람의 계명으로 하나님을 가르치려 하며, 하나님을 경배하는 것이 아니라 사탄을 경배한다는 의미입니다.

'마음에서 나오는 것은 악한 생각'이란 사탄의 생각입니다. 하나님의 생각은 선한 생각이고 사탄의 생각은 악한 생각이라는 것입니다. '살인과 간음과 음란과 도둑질과 거짓 증언과 비방이니' 하나님의 말씀이 아닌 모든 것이 사단이지요.

하나님이 아니면 사단, 이렇게 둘로 양분되어 있기 때문에 우리가 하나님의 말씀을 지키게 되면 하나님과 동행하는 것이고 하나님의 말씀을 버리면 사탄과 동행하는 것입니다. 하나님과 사탄 둘 밖에 없는데 우리는 거기서 '나'라는 것을 만들어 그 위에 군림하려 한다는 것입니다. '나'는 하나님을 믿을 수도 있고 사단을 믿을 수도 있기 때문에 '나'라는 세계는 완전한 세계인 하나님 위에서 선택권을 가지려고 한다는 것이지요. 그런데 이 '나'라는 세계는 원래 있었던 세계가 아닌 사단이 만들어준 세계입니다.

> "아나니아라 하는 사람이 그의 아내 삽비라와 더불어 소유를 팔아 그 값에서 얼마를 감추매 그 아내도 알더라 얼마만 가져다가 사도들의 발 앞에 두니 베드로가 이르되 아나니아야 어찌하여 사탄이 네 마음에 가득하여 네가 성령을 속이고 땅 값 얼마를 감추었느냐 (행 5:1-3)"

아나니아라는 사람이 자기 땅을 팔아 그 중 일부를 감추고 사도들에게 바칩니다. 그러자 베드로가 그에게 마음에 사탄이 가득하다고 질책합니다. 우리가 이 땅에 살고자 하는 생각이 사탄이라고 이야기하는 겁니다.

"모든 사람의 결국은 일반이라 이것은 해 아래에서 행해지는 모든 일 중의 악한 것이니 곧 인생의 마음에는 악이 가득하여 그들의 평생에 미친 마음을 품고 있다가 후에는 죽은 자들에게로 돌아가는 것이라 (전 9:3)"

대통령을 지낸 사람이나 농사를 짓는 사람이나 사업을 하는 사람이나 모두 70~80년이면 이 세상을 떠날 수밖에 없습니다. 그래서 모든 사람은 같다는 것이지요.

그리고 '모든 일 중에 악한 것이니' 이 말씀에서 '악하다'는 것은 하나님의 뜻과는 다르다는 의미입니다. 하나님은 선이고 하나님이 아닌 것은 악인데 인생의 마음에는 악이 가득하다는 것입니다.

'그들이 평생에 미친 마음을 품고 있다가 후에는 죽은 자들에게로 돌아가는 것이다' 미친 마음이 무엇이겠습니까? 70~80년 뒤에는 다 죽게 되는데 살려고 발버둥치는 것, 존재하지 않는 세계를 추구하고 따라간 것 등이 미친 마음이라는 겁니다. 그것은 사단이 준 마음입니다. 존재하지 않는 세계, 영원한 불못에 들어가게 하고 하나님을 영원히 만나지 못하게 하기 위한 마음이라는 것입니다, 그것을 미친 마음이라고 성경은 이야기하고 있습니다.

"그때에 너희는 그 가운데서 행하여 이 세상 풍조를 따르고 공중의 권세 잡은 자를 따랐으니 곧 지금 불순종의 아들들 가운데서 역사하는 영이라 전에는 우리도 다 그 가운데서 우리 육체의 욕심을 따라 지내며 육체와 마음의 원하는 것을 하여 다른 이들과 같이 본질상 진노의 자녀이었더니 (엡 2:2-3)"

'이 세상 풍조를 따르고 공중의 권세 잡은 자'는 사탄이라는 겁니다. 사람들이 '지금 불순종의 아들들 가운데서 역사하는 영이라' 사람의 생각이 자기가 하는 것은 다 옳다고 생각한다는 뜻입니다. 나를 세우는 것은 내가 아닌 남은 거부하는 것인데 이 땅의 모든 백성들 마음에 역사하는 생각은 내 하나님이 옳고, 내 믿음만이 옳고, 내가 본 것만이 옳다는 겁니다.

'우리도 다 그 가운데서 우리 육체의 욕심을 따라 지내며 육체와 마음의 원하는 것을 하여 다른 이들과 같이 본질상 진노의 자녀이었더니' 이 말씀은 육체를 위하는 마음이 원하는 것을 하는 이들은 마귀의 자녀라는 겁니다. '본질상 진노의 자녀'는 마귀의 자녀입니다.

"거역하는 자를 온유함으로 훈계할지니 혹 하나님이 그들에게 회개함을 주사 진리를 알게 하실까 하며 그들로 깨어 마귀의 올무에서 벗어나 하나님께 사로잡

힌 바 되어 그 뜻을 따르게 하실까 함이라 (딤후 2:25)"

성경에서는 사람들이 육신의 생각을 섬기고 믿는 것은 마귀의 올무에 갇혔기 때문이라고 기록하고 있습니다.

"그러나 성령이 밝히 말씀하시기를 후일에 어떤 사람들이 믿음에서 떠나 미혹하는 영과 귀신의 가르침을 따르리라 하셨으니 자기 양심이 화인을 맞아서 외식함으로 거짓말하는 자들이라 (딤전 4:1-2)"

'미혹하는 영과 귀신의 가르침'은 사람의 생각이라는 겁니다. 우리가 하나님의 말씀에서 떠나게 되면 바로 미혹하는 영과 귀신의 가르침, 즉 사람의 생각을 따라서 살게 됩니다. '자기의 양심이 화인을 맞아서 외식함으로' 육체를 섬기게 되는 것은 거짓의 지식을 믿기 때문이라는 것입니다.

"육신을 따라 난 이스라엘을 보라 제물을 먹는 자들이 제단에 참여하는 자들이 아니냐 그런즉 내가 무엇을 말하느냐 우상의 제물은 무엇이며 우상은 무엇이냐 무릇 이방인이 제사하는 것은 귀신에게 하는 것이요 하나님께 제사하는 것이 아니니 나는 너희가 귀신과 교제하는 자가 되기를 원하지 아니하노라 너희가 주의 잔과 귀신의 잔을 겸하여 마시지 못하고 주의 식탁과 귀신의 식탁에 겸하여 참여하지 못하리라 (고전 10:18-21)"

우상은 무엇입니까? 보이는 것을 섬기게 하는 것이 사람의 생각이고 사람의 생각이 우상입니다. 이방인은 하나님을 믿지 않는 이들을 지칭하는 말이기도 하지만 영적인 세계에서는 하나님의 성령이 없는 상태를 말합니다. 성령이 없는 상태로 제사하는 것은 하나님을 믿는 것이 아니라 귀신에게 제사를 하는 것입니다. 우리 생각에서 사람의 생각, 즉 육신을 섬기는 생각이 바로 귀신입니다.

'너희가 주의 잔과 귀신의 잔을 겸하여 마시지 못하고' 하나님의 말씀과 사람의 생각을 동시에 들을 수는 없다고 성경은 기록하고 있습니다.

"육으로 난 것은 육이요 영으로 난 것은 영이니 (요 3 : 6)"

  육이란 사람의 생각을 이야기하는 것입니다. 육체만 이야기 하는 것이지요.
  사람의 생각은 육체를 위해서만 역사합니다. 이 생각으로는 하나님을 믿을 수도, 알 수도 없는 것입니다.
  영이란 하나님의 말씀, 성경의 기록을 말합니다. 성경의 기록은 하나님의 생각이라는 것입니다. 성경의 기록을 믿게 될 때 하나님을 느낄 수 있습니다. 영을 받을 때 영이 주는 느낌이 믿음입니다. 사람의 생각과 하나님의 생각은 다르기 때문에 함께 할 수 가 없는 것입니다.
  영이 없는 분들은 영에 대하여 상담을 받으시고 영원한 나라에 소망을 가진 사람 되기를 바랍니다.

사람이 볼 수 있는 하나님

사람이 볼 수 있는 하나님

"태초에 말씀이 계시니라 이 말씀이 하나님과 함께 계셨으니 이 말씀은 곧 하나님이시니라 그가 태초에 하나님과 함께 계셨고 만물이 그로 말미암아 지은 바 되었으니 지은 것이 하나도 그가 없이는 된 것이 없느니라 (요 1:1-3)"

말씀은 하나님의 생각인데 사람의 눈으로는 볼 수 없는 세계입니다. 하나님의 생각을 육신의 눈으로 볼 수 있게 하기 위해서는 기록하는 방법밖에는 없습니다. 성경은 하나님의 생각을 기록하고 있습니다. 사람이 볼 수 있는 하나님은 기록된 성경 말씀이라는 것입니다.

"옛적에 선지자들을 통하여 여러 부분과 여러 모양으로 우리 조상들에게 말씀하신 하나님이 이 모든 날 마지막에는 아들을 통하여 우리에게 말씀하셨으니 이 아들을 만유의 상속자로 세우시고 또 그로 말미암아 모든 세계를 지으셨느니라 (히 1:1-2)"

구약에는 선지자들의 입을 통하여 말씀을 나타내셨고 이 세상 마지막에는 아들을 통하여 말씀하셨습니다. 예수님이 하나님께로 가신 후에는 보혜사 성령을 주셨습니다. 지금 이 세상의 신앙인들은 구약의 선지자 입을 통하여 나타내신 하나님 여호와를 믿어서도 안 되고, 신약에 나타난 예수님을 믿어서도 안 됩니다. 오직 예수님이 말씀하신 보혜사 성령으로 기록된 말씀인 성경을 믿어야 한다는 것입니다. 여호와 하나님도 있고 그리스도 예수님도 있고 보혜사 성령도 있고 성경도 있다면 우리는 무엇을 믿어야 될까요? 하나님은 우리에게 한 가지만 주셨습니다. 여러분은 이제 무엇을 믿을지 신중한 선택을 해야 합니다.

"그러하나 내가 너희에게 실상을 말하노니 내가 떠나가는 것이 너희에게 유익이라 내가 떠나가지 아니하면 보혜사가 너희에게로 오시지 아니할 것이요 가면 내가 그를 너희에게로 보내리니 그가 와서 죄에 대하여, 의에 대하여, 심판에 대하여 세상을 책망하시리라 죄에 대하여라 함은 저희가 나를 믿지 아니함이요 의에 대하여라 함은 내가 아버지께로 가니 너희가 다시 나를 보지 못함이요 심판에 대하여라 함은 이 세상 임금이 심판을 받았음이니라 내가 아직도 너희에게 이를 것이 많으나 지금은 너희가 감당치 못하리라 그러하나 진리의 성령이 오시면 그가 너희를 모든 진리 가운데로 인도하시리니 그가 자의로 말하지 않고 오직 듣는 것을 말하시며 장래 일을 너희에게 알리시리라 (요 16:7-13)"

지금 시대의 우리는 하나님을 믿어서도 안 되고 예수님을 믿어서도 안 되고 보혜사 성령을 받아야 한다는 말씀입니다. 예수님을 믿는 사람은 예수님의 형상을 믿는 것이 아니라 예수님의 말씀을 믿어야 된다는 것입니다. 믿는다는 의미는 듣는다는 것이고, 듣는다는 의미는 들리는 말씀으로 인하여 자기를 포기한다는 뜻입니다.

예수님의 말씀에 '내가 너희에게 실상을 말하노니 내가 떠나가는 것이 너희에게 유익이라 내가 떠나가지 아니하면 보혜사가 너희에게로 오시지 아니할 것이요 가면 내가 그를 너희에게로 보내리니' 이 말씀은 이제 예수님은 하나님에게로 가니까 앞으로는 자신을 믿지 말고 보혜사 성령을 믿으라는 겁니다. 그런데 오늘날 신앙인들은 예수님을 믿고 있습니다. 예수님의 말씀이 아니라 예수님의 몸을 믿고 있는 것입니다. 우리가 볼 수 있는 하나님은 말씀이신 성령, 곧 성경에 기록된 말씀뿐입니다.

유대인들은 그들의 조상인 선지자들의 입에서 나오는 하나님의 말씀을 들은 것이 아니라 조상들을 믿었기 때문에 예수님과 늘 다툼만 일어났던 것입니다. 결국에는 자기들의 생각을 지키기 위하여 예수님을 십자가에 못 박았습니다. 같은 하나님을 믿었는데 유대인의 믿음과 예수님의 믿음은 달랐던 것입니다. 예수님의 하나님은 성경 말씀에서 볼 수 있습니다.

"예수께서 대답하시되 기록하기를 사람이 떡으로만 살 것이 아니라 하였느니라 (눅 4:4)"

"예수께서 대답하여 가라사대 기록하기를 주 너의 하나님께 경배하고 다만 그를 섬기라 하였느니라 (눅 4:8)"

"기록하였으되 하나님이 너를 위하여 그 사자들을 명하사 너를 지키게 하시리라 하였고 (눅 4:10)"

예수님은 늘 성경의 기록, 하나님의 말씀밖에는 마음에 없었던 것입니다. 그런데 유대인들은 자기들의 생각, 곧 사단의 영인 육체를 보게 하는 생각으로 예수님을 보았습니다. 그들 눈에 나이는 30세 정도의 젊은이로 목수의 아들인, 세상의 잣대로 볼 때 별로 배운 것도 없는 사람이 하나님을 이야기하고 있었던 것입니다. 말씀으로 예수님을 보게 되면 예수님의 마음에 말씀이 있고 성경에 기록된 말씀이 있으며 성경에 예언된 그분은 하나님의 본체입니다. 그럼에도 불구하고 사람의 생각으로 보니 너무 보잘 것 없는 사람이 하나님의 흉내를 내고 있었다는 것입니다.

우리는 유대인처럼 사람의 생각으로 예수님을 믿지 말고 성경의 기록에서 말씀하신 예수님, 즉 예수님의 말씀만을 믿어야 하나님을 만날 수 있습니다. 그것은 우리가 볼 수 있는 하나님의 보혜사 성령, 성경의 기록인 것입니다.

"성경이 바로에게 이르시되 내가 이 일을 위하여 너를 세웠으니 곧 너로 말미암아 내 능력을 보이고 내 이름이 온 땅에 전파되게 하려 함이로라 하셨으니 그런즉 하나님께서 하고자 하시는 자를 긍휼히 여기시고 하고자 하시는 자를 강퍅케 하시느니라 (롬 9:17-18)"

성경에서는 '성경'이 하나님이라고 기록하고 있습니다. '성경이 바로에게 이르시되' 성경이 바로에게 이르셨다는 것은 이 성경의 기록이 곧 하나님이라는 것이지요. 뒤따라 기록된 18절에도 '그런즉 하나님께서'라고 하여 바로에게 이르신 주체가 하나님이심을 밝히고 있습니다.

"또 하나님이 이방을 믿음으로 말미암아 의로 정하실 것을 성경이 미리 알고 먼저 아브라함에게 복음을 전하되 모든 이방이 너를 인하여 복을 받으리라 하였으니 (갈 3:8)"

그러면 성경이 무슨 입이 있어서 아브라함에게 말씀하실 수가 있었겠습니까? 성경은 성경에 기록된 말씀이 곧 하나님이라고 기록하고 있는 것입니다.

"그러나 성경이 모든 것을 죄 아래 가두었으니 이는 예수 그리스도를 믿음으로 말미암은 약속을 믿는 자들에게 주려 함이니라 (갈 3:22)"

성경의 기록이 아닌 것은 모든 것이 죄라는 것입니다. 모든 것이 틀렸다는 것이지요. 하나님은 성경의 기록은 선이고 성경의 기록에서 벗어난 지식이나 생각, 교훈 등은 죄라고 말씀하십니다. 성경은 지금 이 세상에서 하나님도 우상이고 예수님도 우상이고, 오로지 성경의 기록 말씀만 우리 하나님이 되어야 한다고 기록하고 있습니다.

"그러나 너는 배우고 확신한 일에 거하라 네가 뉘게서 배운 것을 알며 또 네가 어려서부터 성경을 알았나니 성경은 능히 너로 하여금 그리스도 예수 안에 있는 믿음으로 말미암아 구원에 이르는 지혜가 있게 하느니라 모든 성경은 하나님의 감동으로 된 것으로 교훈과 책망과 바르게 함과 의로 교육하기에 유익하니 이는 하나님의 사람으로 온전케 하며 모든 선한 일을 행하기에 온전케 하려 함이니라 (딤후 3:14-17)"

우리가 구원 받을 수 있는 것은 목사님의 설교에서가 아니고 또 찬송과 헌금, 봉사, 기도와 같은 우리의 행위 때문이 아니라고 성경은 기록하고 있습니다. 구원에 이르게 하는 지혜는 성경 안에 그 능력으로 감추어져 있다는 말씀입니다.

지혜라는 것은 하나님의 생각이며 이 생각은 또한 말씀이라는 것입니다. 하나님의 생각은 사람의 생각과 달라 사람의 생각과 함께 할 수 없습니다. 사람의 생각은 육체를 위하는 생각이고 하나님의 생각은 하나님을 위하는 것이기 때문입니다.

구원이란 육신의 생각을 듣고, 믿고 살다가 이것이 틀렸음을 깨닫고 하나님의 생각과 말씀을 듣고 믿게 되는 것입니다. 성경은 사람의 생각으로 볼 때는 이해하거나 깨달을 수가 없습니다.

"먼저 알 것은 성경의 모든 예언은 사사로이 풀 것이 아니니 예언은 언제든지 사람의 뜻으로 낸 것이 아니요 오직 성령의 감동하심을 입은 사람들이 하나님께 받아 말한 것임이니라 (벧후 1:20-21)"

성경의 기록은 사람의 생각으로 쓰인 것이 아니라는 것이지요. 그리고 성경의 기록을 사사로이 푼다는 것은 사람의 생각으로 성경을 해석한다는 뜻입니다. 사람의 생각으로 성경을 해석하게 되면 성경의 본뜻과는 다른 주장이 나오게 됩니다. 해석하는 사람에 따라 이 성경을 놓고 사람들에게 돈을 요구하기도 하고 노력과 봉사 등 사람들의 어떤 행위를 원하기 때문에 하나님의 뜻이 변질되어 버린다는 것이지요. 성경은 오직 하나님의 성령으로 감동을 받은 사람이 성경 그대로를 가지고 사람들에게 전하도록 해야 합니다. 그렇게 할 때 성경 안에서 하나님이 구원에 이르게 하는 능력을 우리 인생들에게 허락하신 것을 알게 됩니다.

사람의 생각 (죄)

사람의 생각 (죄)

죄와 사망의 법, 육신의 생각, 세상의 영, 종의 영, 죄 이것이 사람의 생각입니다.

"이러므로 한 사람으로 말미암아 죄가 세상에 들어오고 죄로 말미암아 사망이 왔나니 이와 같이 모든 사람이 죄를 지었으므로 사망이 모든 사람에게 이르렀느니라 (롬 5:12)"

한 사람으로 말미암아 죄가 세상에 들어왔다고 기록되어 있습니다. 창세기 3장에 보면 뱀을 통하여 들어온 생각이 육신을 보게 만들었고, 하나님을 거부하는 지식을 받아들여 우리 사람들의 생각이 되었습니다. 사람의 생각은 하나님을 마음에 두지 못하게 하며 온통 악함과 더러움만 행하게 한다고 성경은 기록하고 있습니다.

"또한 저희가 마음에 하나님 두기를 싫어하매 하나님께서 저희를 그 상실한 마음대로 내어 버려두사 합당치 못한 일을 하게 하셨으니 곧 모든 불의, 추악, 탐욕, 악의가 가득한 자요 시기, 살인, 분쟁, 사기, 악독이 가득한 자요 수군수군 하는 자요 비방하는 자요 하나님의 미워하시는 자요 능욕하는 자요 교만한 자요 자랑하는 자요 악을 도모하는 자요 부모를 거역하는 자요 우매한 자요 배약하는 자요 무정한 자요 무자비한 자라 저희가 이 같은 일을 행하는 자는 사형에 해당하다고 하나님의 정하심을 알고도 자기들만 행할 뿐 아니라 또한 그 일을 행하는 자를 옳다 하느니라 (롬 1:28-32)"

육신을 보는 생각 때문에 죽음이 왔고 이 생각 때문에 하나님은 사람들이 사형에 해당하는 일을 행한다고 기록하고 있습니다. 그러나 사람들은 이 같은 일을 행하면서 자기뿐 아니라 이 일을 행하는 다른 자들도 옳다고 칭찬하고 있습니다.

"만물보다 거짓되고 심히 부패한 것은 마음이라 누가 능히 이를 알리요마는 나 여호와는 심장을 살피며 폐부를 시험하고 각각 그 행위와 그 행실대로 보응하나니(렘 17:9-10)"

사람들의 마음은 만물보다 심히 거짓되고 썩었다고 성경은 기록하고 있습니다. 사람들은 아무도 자기의 마음을 알지 못합니다. 우리들 마음의 생각은 우리의 생각이 아닌 하나님의 생각으로 볼 때 비로소 그 실체가 보인다는 것입니다.

이 세상에 수많은 경찰, 판사, 검사가 있고 형법, 민법 등 법적 장치가 있는 것은 사람들이 죄인이라고 이야기하는 것입니다. 죄는 생각으로 품고 있는 것이지만 생각을 행동으로 옮길 때 범죄가 됩니다.

"또 간음치 말라 하였다는 것을 너희가 들었으나 나는 너희에게 이르노니 여자를 보고 음욕을 품는 자마다 마음에 이미 간음하였느니라 (마 5:27-28)"

성경에서는 사람의 생각이 곧 죄라고 합니다. 행동으로 옮겨지지 않았더라도 생각이 있는 자체가 죄라는 것이지요.

"내가 너희에게 이르노니 너희 의가 서기관과 바리새인보다 더 낫지 못하면 결단코 천국에 들어가지 못하리라 (마 5:20)"

서기관과 바리새인들은 믿음의 지도자들인데 성경에서는 그 사람들마저도 천국에 가지 못한다고 기록하고 있습니다. 서기관과 바리새인들은 자기의 생각으로 하나님을 섬기기 때문입니다. 하나님이 가장 싫어하는 것이 육신의 생각으로 당신의 뜻을 거스르는 일입니다.

"육신의 생각은 하나님과 원수가 되나니 이는 하나님의 법에 굴복치 아니할 뿐 아니라 할 수도 없음이라 육신에 있는 자들은 하나님을 기쁘시게 할 수 없느니라 (롬 8:7-8)"

이 말씀은 육신의 생각은 하나님의 생각과 다르다는 것이지요. 다르기 때문에 아무리 하나님의 생각을 옳다고 여기려고 해도 그렇게 되지 않는다는 겁니다.

"내가 이르노니 너희는 성령을 좇아 행하라 그리하면 육체의 욕심을 이루지 아니하리라 육체의 소욕은 성령을 거스리고 성령의 소욕은 육체를 거스리나니 이 둘이 서로 대적함으로 너희의 원하는 것을 하지 못하게 하려 함이니라 너희가 만일 성령의 인도하시는 바가 되면 율법 아래 있지 아니하리라 육체의 일은 현저하니 곧 음행과 더러운 것과 호색과 우상 숭배와 술수와 원수를 맺는 것과 분쟁과 시기와 분냄과 당 짓는 것과 분리함과 이단과 투기와 술 취함과 방탕함과 또 그와 같은 것들이라 전에 너희에게 경계한 것 같이 경계하노니 이런 일을 하는 자들은 하나님의 나라를 유업으로 받지 못할 것이요 오직 성령의 열매는 사랑과 희락과 화평과 오래 참음과 자비와 양선과 충성과 온유와 절제니 이 같은 것을 금지할 법이 없느니라 그리스도 예수의 사람들은 육체와 함께 그 정과 욕심을 십자가에 못 박았느니라 만일 우리가 성령으로 살면 또한 성령으로 행할 찌니 헛된 영광을 구하여 서로 격동하고 서로 투기하지 말찌니라 (갈 5:16-26)"

하나님의 말씀은 육체의 소욕을 자제하기 원하시지만 육체의 소욕은 하나님을 거스른다는 것입니다. 우리 사람의 생각은 하나님을 거스르고, 말씀을 거스르고 육체를 섬깁니다.

성경의 기록은 육체를 흙이라고 하고 하나님을 신이라고 합니다. 우리가 하나님의 말씀을 따라 살면 육신의 생각에서 벗어날 수 있습니다. 어떤 속박의 얽매임에서 벗어나는 것을 해탈이라고 하는데, 이와 같이 하나님의 말씀을 따라 행하게 되면 우리의 생각에서 벗어날 수 있다고 성경은 기록하고 있습니다.

사람의 생각에서 나오는 것은 우상숭배와 술수, 원수를 맺는 것과 분쟁, 시기, 분노입니다. 또 파벌을 짓거나 따돌리며 하나님의 말씀을 거역하고, 투기와 술 취함과 방탕함입니다. 이런 것들은 하나님의 나라를 유업으로 받을 수 없습니다. 이렇게 사람의 생각을 섬기는 이들은 하나님의 나라에 가지 못한다는 겁니다. 하나님의 나라에 갈 수 있는 사람은 오직 성령의 열매, 사랑과 희락과 화평과 오래 참음과 자비와 양선과 충성과 온유와 절제를 행하는 이들입니다. 이러한 것들은 성령에서 나오는 마음이며 하나님의 생각입니다. 사람의 생각에서 나오는 것과는 반대라는 것이지요.

또 성경은 성령을 좇아 행하지 않으면 우리는 천국에 가지 못하고 지옥에 간다고 기록하고 있습니다. 사람의 생각은 성령을 거스르고 성령은 육체를 거스르니 사람의 생각은 육체를 하나님이라 여기고 육체만을 섬긴다는 것입니다. 육체를 섬긴다는 것은 성령이신 하나님을 거스른다는 것이지요. 사람이 사는 동안 성경은 거짓이라 생각하고 있다는 겁니다. 예수님은 성경이 하나님이며 진리라고 말씀하셨지만 사람들은 육체를 따라 사는 것이 옳다고 여기며 살아가고 있습니다.

    인생의 생명은 영혼이 떠나가지 않는 상태를 말하며, 영혼은 사람의 생각입니다. 죽었다는 것은 생각이 없는 것이고 살았다는 것은 생각이 있다는 의미입니다. 사람들은 자기 생각을 지키는 것이 생명이라고 여기고 있습니다. 생각이 떠난 육체는 시체고 시체는 아무것도 느낄 수가 없습니다. 그래서 사람의 생각이 있을 때는 육체가 살아있는 것처럼 보이지만 실상은 산 것도 죽은 것도 아닙니다. 단지 생각에 속고 있는 것입니다. 이렇게 아무런 능력도 없는 육체를 위해서 우리의 인생을 허비한다면 정말 무의미한 삶이 아닐 수 없습니다.

사람이 믿음을 가질 수 있는 방법의 한계

(십자가의 도)

사람이 믿음을 가질 수 있는 방법의 한계 (십자가의 도)

"이러므로 한 사람으로 말미암아 죄가 세상에 들어오고 죄로 말미암아 사망이 왔나니 이와 같이 모든 사람이 죄를 지었으므로 사망이 모든 사람에게 이르렀느니라(롬 5:12)"

"육신의 생각은 사망이요 (롬 8:6)"

"죄의 삯은 사망이요 (롬 6:23)"

"미련한 자의 생각은 죄요 (잠 24:9)"

죄란 무엇일까요? 성경에서는 육신을 위하는 생각이 사망이며, 죄의 삯은 사망이라고 이야기하고 있습니다. 미련한 자, 사람의 생각이 죄라는 것입니다.

   사람의 생각에서 나올 수 있는 것에 대해 성경에서는 다음과 같이 기록하고 있습니다.

"또한 저희가 마음에 하나님 두기를 싫어하매 하나님께서 저희를 그 상실한 마음대로 내어 버려두사 합당치 못한 일을 하게 하셨으니 곧 모든 불의, 추악, 탐욕, 악의가 가득한 자요 시기, 살인, 분쟁, 사기, 악독이 가득한 자요 수군수군하는 자요 비방하는 자요 하나님의 미워하시는 자요 능욕하는 자요 교만한 자요 자랑하는 자요 악을 도모하는 자요 부모를 거역하는 자요 우매한 자요 배약하는 자요 무정한 자요 무자비한 자라 저희가 이 같은 일을 행하는 자는 사형에 해당하다고 하나님의 정하심을 알고도 자기들만 행할 뿐 아니라 또한 그 일을 행하는 자를 옳다 하느니라 (롬 1:28-32)"

   육신을 위하는 사람의 생각에서 나오는 것은 악한 지식이라고 기록하고 있습니다. 현재 교도소에 있는 분들은 생각을 행동으로 옮긴 결과입니다. 그들이 교도소에 있으나 교도소 밖에 있으나 하나님이 보시기에 똑같다는 것이지요.

   하나님께서는 사람의 생각을 버리고 하나님의 생각, 곧 말씀을 받기를 원하고 계십니다. 그런데 사람들은 자신의 생각을 가지고 하나님을 만나기를 원한다는 겁니다. 자기 생각에 맞는 하나님, 자기 생각에 맞는 말씀, 자기 생각에 맞는 믿음, 자기 생각에 맞는 교회, 자기 생각에 맞는 목사님, 자기 생각에 맞는 교리, 자기 생각에 맞는 성경 말씀을 찾아 자기 생각대로 삶을 살아가길 원하고 있습니다. 하나님 말씀을 들어도 자기 생각으로 해석하여 헌금하고, 기도하고, 찬송하고, 봉사하는 것으로 자신의 의무를 다했다고 생각합니다. 생각은 어떤 행위를 해야만 믿음을 가질 수 있다고 여기기 때문입니다.

"사실은 내가 너희 조상들을 애굽 땅에서 인도하여 낸 날에 번제나 희생에 대하여 말하지 아니하며 명령하지 아니하고 오직 내가 이것을 그들에게 명령하여 이르기를 너희는 내 목소리를 들으라 그리하면 나는 너희 하나님이 되겠고 너희는 내 백성이 되리라 너희는 내가 명령한 모든 길로 걸어가라 그리하면 복을 받으리라 하였으나 그들이 순종하지 아니하며 귀를 기울이지도 아니하고 자신들의 악한 마음의 꾀와 완악한 대로 행하여 그 등을 내게로 돌리고 그 얼굴을 향하지 아니하였으며 너희 조상들이 애굽 땅에서 나온 날부터 오늘까지 내가 내 종 선지자들을 너희에게 보내되 끊임없이 보내었으나 너희가 나에게 순종하지 아니하며 귀를 기울이지 아니하고 목을 굳게 하여 너희 조상들보다 악을 더 행하였느니라 네가 그들에게 이 모든 말을 할지라도 그들이 너에게 순종하지 아니할 것이요 네가 그들을 불러도 그들이 네게 대답하지 아니하리니 너는 그들에게 말하기를 너희는 너희 하나님 여호와의 목소리를 순종하지 아니하며 교훈을 받지 아니하는 민족이라 진실이 없어져 너희 입에서 끊어졌다 할지니라 (렘 7:22-28)"

하나님께서는 이스라엘 백성을 애굽 땅에서 인도하여 구출해 내시고도 번제나 희생을 요구하지 않으셨습니다. 하나님께서는 아무것도 원하지 않으셨지만 이 세상 신앙인들은 무엇인가 열심히 하면 천국을 갈 수 있는 것으로 생각하여 하나님의 말씀을 거짓으로 느끼는 것입니다. 하나님이 명령한 것은 오직 '내 목소리를 들으라' 우리에게 당신의 말씀만을 듣기를 명령하셨습니다. '너희는 내 백성이 되고 나는 너희 하나님이 되리라' 하나님의 백성은 하나님의 말씀으로 살고 하나님은 백성을 위해서 계시는 백성의 하나님인 것입니다.

하나님께서는 당신의 명령을 지키면 복을 받으리라고 하셨으나 사람들의 마음에는 하나님의 법이 아닌 사람의 법, 육신을 위하는 생각이 더 중요하게 여겨집니다. 그렇게 자기의 생각을 신으로 높여주는 거짓된 지식이 있기 때문에 하나님의 말씀을 듣지 못합니다. 사람들은 자기 생각을 지키기 위하여 하나님이 어떤 말씀을 할지라도 자기 생각에 맞게 고쳐서 듣는다는 것입니다. 하나님이 보시기에 이 민족은 여호와의 말씀을 순종하지 아니하며 교훈을 받지 않는 민족, 거짓된 민족이라는 것입니다.

"여호와께서 이와 같이 말씀하시되 하늘은 나의 보좌요 땅은 나의 발판이니 너희가 나를 위하여 무슨 집을 지으랴 내가 안식할 처소가 어디랴 나 여호와가 말하노라 내 손이 이 모든 것을 지었으므로 그들이 생겼느니라 무릇 마음이 가난하고 심령에 통회하며 내 말을 듣고 떠는 자 그 사람은 내가 돌보려니와 소를 잡아 드리는 것은 살인함과 다름이 없이 하고 어린 양으로 제사드리는 것은 개의 목을 꺾음과 다름이 없이 하며 드리는 예물은 돼지의 피와 다름이 없이 하고 분향하는 것은 우상을 찬송함과 다름이 없이 행하는 그들은 자기의 길을 택하며 그들의 마음은 가증한 것을 기뻐한즉 나 또한 유혹을 그들에게 택하여 주며 그들이 무서워하는 것을 그들에게 임하게 하리니 이는 내가 불러도 대답하는 자가 없으며 내가 말하여도 그들이 듣지 않고 오직 나의 목전에서 악을 행하며 내가 기뻐하지 아니하는 것을 택하였음이라 하시니라 (사 66:1-4)"

하나님이 말씀하시되 '하늘은 나의 보좌요, 땅은 나의 발판이니 너희가 나를 위해서 할 수 있는 것이 무엇이냐' 사람이 하나님을 위해서 무엇을 할 것이냐고 물으십니다. 그러나 사람들은 자기의 생각에 따라 하나님이 기뻐하시지 않을 일을 택하였던 것입니다.

"내가 증언하노니 그들이 하나님께 열심이 있으나 올바른 지식을 따른 것이 아니니라 (롬 10:2)"

그들이 하나님께 열심히 하려는 마음은 있으나 올바른 지식을 따르는 것이 아니라고 말씀하십니다. 잘못된 지식을 따라 마귀를 섬기는 일에 열심이라는 것입니다. 하나님은 우리에게 당신의 말씀만을 듣기를 원하시고, 듣게 된다면 말씀으로 살아가기를 원하고 계십니다.

'무릇 마음이 가난하다'는 것은 육신을 섬기는 생각이 작다는 것입니다. 또 '하나님의 말씀을 듣고 떠는 자' 이때 떠는 것은 겁을 먹는다는 것이 아니라 좋아한다는 의미입니다. 그런 사람은 하나님이 돌보아 주실 것입니다. 소를 잡아 바치는 것은 살인하는 것과 같다고 하십니다. 그런 행위는 하나님의 말씀에 따르는 것이 아니라 인간의 생각으로 하나님을 섬기는 것이므로 하나님은 가장 싫어하십니다.

구약의 제사법은 인간이 죄를 범하게 되면 염소나 수송아지에게 죄를 씌워 사람 대신 죽였습니다. 염소나 수송아지의 잘못이 아닌 사람의 죄, 사람의 생각을 넘겨받았기 때문에 죽어야 했던 것입니다. 다시 말하면 염소나 수송아지가 죽은 것이 아니라 사람이 죽은 것이지요.

사람의 생각은 죄이며 죄가 사망을 불러온다고 성경은 기록하고 있습니다. 한편 하나님의 말씀은 생명이라고 밝히고 있습니다. 이 세상에서 사람의 생각을 성경의 기록인 말씀과 바꾸지 못하면 영원히 멸망하게 됩니다. '예수님은 성령으로 잉태되었고 성령은 진리니라, 진리는 아버지의 말씀이니라' 예수님은 하나님의 말씀이 사람의 모습으로 이 땅에 오신 분이라는 것입니다.

"그리스도의 사랑이 우리를 강권하시는도다 우리가 생각하건대 한 사람이 모든 사람을 대신하여 죽었은즉 모든 사람이 죽은 것이라 그가 모든 사람을 대신하여 죽으심은 살아 있는 자들로 하여금 다시는 그들 자신을 위하여 살지 않고 오직 그들을 대신하여 죽었다가 다시 살아나신 이를 위하여 살게 하려 함이라 그러므로 우리가 이제부터는 어떤 사람도 육신을 따라 알지 아니하노라 비록 우리가 그리스도도 육신을 따라 알았으나 이제부터는 그같이 알지 아니하노라 (고후 5:14-16)"

'한 사람이 모든 사람을 대신하여 죽었은즉 모든 사람이 죽은 것이라' 예수님이 십자가에서 죽으신 일은 다른 사람들의 죄를 대신하여 죽으신 것이기 때문에 이 세상 모든 사람이 죽은 것이나 마찬가지라는 것입니다.

예수님은 보이는 세계를 이야기하는 것이 아니라 보이지 않는 세계, 영의 세계를 이야기하고 계십니다. 성경의 '모든 사람이 죽었다'는 것은 대신 죽으신 분으로 인하여 사람들은 자기 생각을 꼭 죽여야 된다는 것입니다. '모든 사람을 대신하여 죽으심은 산 자들로 다시는 저희 자신을 위하여 살지 말고 오직 저희를 대신하여 죽었다가 다시 사신 자를 위하여 살게 하려 함이라' 이제 사람들은 자기의 생각을 따라 사는 것을 버리고 성경에 기록된 말씀을 따라 살라는 것입니다. 사람의 생각이 틀렸다는 것을 발견하지 않고는 하나님의 말씀을 들을 수가 없습니다.

예수님은 십자가의 도로써 사람의 생각을 죽이고 하나님의 생각, 말씀을 우리 마음에 넣어주기를 원하는 것입니다. 육신의 생각과 하나님의 생각은 우리 마음에 함께 살 수가 없습니다. 하나님의 영을 받기 위해서는 사람의 생각이 꼭 죽어야 하며, 그래야 하나님의 영이 부활하여 말씀이 임하는 것입니다. 이것을 거듭남, 두 번 태어난다고 기록하고 있습니다. 육체대로 안다는 것은 육체를 섬기는 사람의 생각대로 판단하게 되면 예수님의 몸이 보이고, 성령으로 판단하면 예수님은 하나님의 말씀, 곧 성령으로 잉태된 자로 보인다는 겁니다.

"우리가 항상 예수의 죽음을 몸에 짊어짐은 예수의 생명이 또한 우리 몸에 나타나게 하려 함이라 우리 살아 있는 자가 항상 예수를 위하여 죽음에 넘겨짐은 예수의 생명이 또한 우리 죽을 육체에 나타나게 하려 함이라 그런즉 사망은 우리 안에서 역사하고 생명은 너희 안에서 역사하느니라 (고후 4:10-12)"

우리가 늘 예수님 죽음을 생각한다면 예수님은 우리 몸을 위해서 죽은 것이 아니라 우리 생각을 위해서 죽은 것입니다. 예수님의 죽음을 믿는 사람은 자기 생각을 버릴 수밖에 없습니다. 예수님이 십자가에서 고통과 죽음을 당한 이유는 우리 생각을 없애기 위해서 겪으신 것이기 때문입니다.

또 우리 산 자가 항상 예수를 위하여 죽음에 넘겨지는 것은 예수의 생명이 우리 마음에 말씀으로 나타나게 하기 위해서입니다. 따라서 우리 생각은 늘 죽어야 된다는 것입니다.

사도 바울은 '내가 자랑할 것은 결코 십자가 외에는 없다'고 했습니다. 십자가는 죽음의 장소입니다. 사도 바울도 자기 생각에 대해서는 '나는 날마다 죽노라'라고 했습니다.

"법조문으로 된 계명의 율법을 폐하셨으니 이는 이 둘로 자기 안에서 한 새 사람을 지어 화평하게 하시고 또 십자가로 이 둘을 한 몸으로 하나님과 화목하게 하려 하심이라 원수 된 것을 십자가로 소멸하시고 (엡 2:15-16)"

'원수된 것' 하나님의 말씀을 못 듣게 하는 것이 원수이며, 마귀 이것이 육신의 생각이라는 것입니다. 계명을 불신하는 인간의 생각을 없애기 위해 예수님께서는 자기 육체를 대신하여 바치셨습니다. 반목하는 이들을 새 사람으로 만들어 화평하고 화목하게 지내도록 십자가로 사람의 생각을 없애신 것입니다.

"하나님의 성령으로 봉사하며 그리스도 예수로 자랑하고 육체를 신뢰하지 아니하는 우리가 곧 할례파라 (빌 3:3)"

"그러나 무엇이든지 내게 유익하던 것을 내가 그리스도를 위하여 다 해로 여길뿐더러 또한 모든 것을 해로 여김은 내 주 그리스도 예수를 아는 지식이 가장 고상하기 때문이라 내가 그를 위하여 모든 것을 잃어버리고 배설물로 여김은 그리스도를 얻고 그 안에서 발견되려 함이니 내가 가진 의는 율법에서 난 것이 아니요 오직 그리스도를 믿음으로 말미암은 것이니 곧 믿음으로 하나님께로부터 난 의라 (빌 3:7-9)"

말씀을 따라 살면서 예수로 자랑하고 내 생각을 신뢰하지 아니하는 우리가 곧 할례 파라고 합니다. 내게 유익한 것을 따르는 사람의 생각은 자기의 육체만을 위하기 때문에 예수님의 말씀은 다 자기에게 손해되는 것처럼 들리게 됩니다. 사도 바울은 자기 생각을 배설물, 똥으로 여기는 것은 가장 고상한 하나님의 말씀을 얻기 위함이라고 기록하고 있습니다. 자기의 믿음은 말씀이 임해서 느껴지는 믿음이고, 율법이나 사람의 열심, 곧 생각에 의한 행위에서 만들어지는 믿음이 아니라고 이야기하는 것입니다.

"내가 여러 번 너희에게 말하였거니와 이제도 눈물을 흘리며 말하노니 여러 사람들이 그리스도의 십자가의 원수로 행하느니라 그들의 마침은 멸망이요 그들의 신은 배요 그 영광은 그들의 부끄러움에 있고 땅의 일을 생각하는 자라 그러나 우리의 시민권은 하늘에 있는지라 거기로부터 구원하는 자 곧 주 예수 그리스도를 기다리노니 (빌 3:18-20)"

사도 바울은 눈물을 흘리면서 사람들에게 권하고 있습니다. 사람의 생각대로 사는 것은 십자가의 원수로 행하는 것이라고 합니다. 생각대로 사는 것은 '그들의 신은 배요', 즉 먹기 위해서 사는 것이고 그 생각은 땅의 일만을 생각하는 자라는 것입니다. '우리의 시민권은 하늘에 있는지라' 말씀이 하늘을 이야기하고 있다는 것입니다. 그런데 사람의 생각은 땅의 일만을 이야기하고 있으며 십자가에서 희생되신 예수님을 부인하기 때문에 죄라는 말씀입니다.

"그러나 내게는 우리 주 예수 그리스도의 십자가 외에 결코 자랑할 것이 없으니 그리스도로 말미암아 세상이 나를 대하여 십자가에 못 박히고 내가 또한 세상을 대하여 그러하니라 할례나 무할례가 아무 것도 아니로되 오직 새로 지으심을 받는 것만이 중요하니라 무릇 이 규례를 행하는 자에게와 하나님의 이스라엘에게 평강과 긍휼이 있을지어다 이 후로는 누구든지 나를 괴롭게 하지 말라 내가 내 몸에 예수의 흔적을 지니고 있노라 형제들아 우리 주 예수 그리스도의 은혜가 너희 심령에 있을지어다 아멘 (갈 6:14-18)"

사도 바울은 그리스도 십자가 외에 자랑할 것이 없다고 이야기를 합니다. '세상이 나에 대해서 십자가에 못 박히고 내가 또한 세상을 대하여 그러하니라' 사람의 생각은 아무것도 아니며 오직 새로 지으심을 받은 분의 말씀뿐이니 자기를 괴롭히지 말라고 합니다. 예수의 흔적, 즉 십자가의 사망으로 자기 생각이 죽었다는 것입니다. 그러므로 사람의 생각이 옳다고 하는 것은 예수의 흔적을 부인하는 것입니다.

"그런즉 사망은 우리 안에서 역사하고 생명은 너희 안에서 역사하느니라 (고후 4:12)"

사람의 생각은 자기를 죽이려고 역사하지만 밖에서 들려지는 소리, 하나님의 말씀은 살리기 위해서 역사한다는 것입니다. 하나님이 우리를 창조하실 때 인간은 100% 무능했습니다. 사람에게 하나님 말씀을 주시기 위해서 무능력하게 창조하셨다는 겁니다. 10%로라도 능력을 준다면 하나님은 90%밖에는 역사하실 수 없기 때문입니다. 그런데 사탄은 뱀을 통하여 하나님의 말씀을 불신케 하고 자기의 영을 넣어서 사람들에게 능력이 있는 것처럼 속였습니다.

우리는 농사를 지어도 100년, 의사를 해도 100년, 판검사를 해도 100년, 대통령을 해도 100년 이상은 할 수 없으며 그 마저도 죽을 때에는 아무런 의미가 없습니다. 전도서에 보면 솔로몬 왕은 눈이 원하는 대로, 마음이 원하는 대로 다 누렸지만 모든 것이 헛되었다고 기록하고 있습니다. 하나님은 우리를 무능력하게 창조하셨지만 그것을 못 보게 하는 사탄이 준 육신의 생각은 사람을 신의 위치에 올려놓았기 때문에 사람들이 괴로운 것입니다.

"욕심이 잉태한즉 죄를 낳고 죄가 장성한즉 사망을 낳느니라 (약 1:15)"

사람의 생각이 만들어지면서 죄를 낳게 되었고, 생각이 많아지면서 죽음이 온다는 것입니다. 원함(탐욕)이 있으면 불만이 생기게 되고 불만은 만족을 추구하고 만족은 또 다른 불만을 가져오게 되는데 이것이 우리 인생의 삶이라는 것이지요. 비유하자면 인생은 지옥행 사망 열차(육신의 생각)를 타고 특실에 앉으려고 백 년 동안 온 힘을 쏟는 것입니다. 사망 열차 안에서는 특실이라 하더라도 괴로운 것은 마찬가지입니다. 그러나 천국행 생명(말씀) 열차는 어느 칸에 타더라도 기쁘고, 편안하고, 감사하고 행복할 것입니다.

생명 열차를 타지 않고는 이 세상에서도 슬프고, 괴롭고, 두려움에서 해방될 수 없습니다. 사람에게는 볼 수 있는 능력도, 들을 수 있는 능력도, 느낄 수 있는 능력도 없기 때문입니다. 하나님의 영을 담을 때 하나님이 느껴지고, 사람의 생각을 담을 때 육체가 보이는 것입니다.

"하나님께 감사하리로다 너희가 본래 죄의 종이더니 너희에게 전하여 준 바 교훈의 본을 마음으로 순종하여 죄로부터 해방되어 의에게 종이 되었느니라 (롬 6:17-18)"

사람은 본래 죄의 종(사람의 생각)으로 태어났습니다. 그런데 성경에서 전하여 준 바 교훈(말씀, 성경의 기록)의 본을 마음으로 순종하여 죄(사람의 생각)로부터 해방되어 의(말씀)의 종이 되리라는 것입니다.

"그런즉 우리가 무슨 말을 하리요 은혜를 더하게 하려고 죄에 거하겠느냐 그럴 수 없느니라 죄에 대하여 죽은 우리가 어찌 그 가운데 더 살리요 무릇 그리스도 예수와 합하여 세례를 받은 우리는 그의 죽으심과 합하여 세례를 받은 줄을 알지 못하느냐 그러므로 우리가 그의 죽으심과 합하여 세례를 받음으로 그와 함께 장사되었나니 이는 아버지의 영광으로 말미암아 그리스도를 죽은 자 가운데서 살리심과 같이 우리로 또한 새 생명 가운데서 행하게 하려 함이라 만일 우리가 그의 죽으심과 같은 모양으로 연합한 자가 되었으면 또한 그의 부활과 같은 모양으로 연합한 자도 되리라 우리가 알거니와 우리의 옛 사람이 예수와 함께 십자가에 못 박힌 것은 죄의 몸이 죽어 다시는 우리가 죄에게 종노릇 하지 아니하려 함이니 이는 죽은 자가 죄에서 벗어나 의롭다 하심을 얻었음이라 만일 우리가 그리스도와 함께 죽었으면 또한 그와 함께 살 줄을 믿노니 이는 그리스도께서 죽은 자 가운데서 살아나셨으매 다시 죽지 아니하시고 사망이 다시 그를 주장하지 못할 줄을 앎이로라 그가 죽으심은 죄에 대하여 단번에 죽으심이요 그가 살아 계심은 하나님께 대하여 살아 계심이니 이와 같이 너희도 너희 자신을 죄에 대하여는 죽은 자요 그리스도 예수 안에서 하나님께 대하여는 살아 있는 자로 여길지어다 그러므로 너희는 죄가 너희 죽을 몸을 지배하지 못하게 하여 몸의 사욕에 순종하지 말고 또한 너희 지체를 불의의 무기로 죄에게 내주지 말고 오직 너희 자신을 죽은 자 가운데서 다시 살아난 자 같이 하나님께 드리며 너희 지체를 의의 무기로 하나님께 드리라 죄가 너희를 주장하지 못하리니 이는 너희가 법 아래에 있지 아니하고 은혜 아래에 있음이라 그런즉 어찌하리요 우리가 법 아래에 있지 아니하고 은혜 아래에 있으니 죄를 지으리요 그럴 수 없느니라 너희 자신을 종으로 내주어 누구에게 순종하든지 그 순종함을 받는 자의 종이 되는 줄을 너희가 알지 못하느냐 혹은 죄의 종으로 사망에 이르고 혹은 순종의 종으로 의에 이르느니라 (롬 6:1-16)"

사람이 생각을 더 좋게 여기기 위하여 사람의 생각을 따라 살겠느냐는 말씀입니다. 우리의 옛 사람이 예수와 함께 십자가에 못 박힌 것은 사람의 생각을 따라 살지 않고 말씀을 따라 살려했기 때문이지요. 그의 죽음으로 사람의 생각은 죽는 것이고, 살아계시면 말씀을 증거하는 것입니다. 우리는 더 이상 우리 생각을 듣지도 보지도 않고 하나님의 말씀만 듣고 살게 됩니다. 따라서 '죄가 너희를 주장하지 못하리니' 더 이상 사람의 생각이 주장하지 못한다는 것입니다. 이제는 우리가 생각을 보는 것이 아니라 말씀을 보기 때문이라는 것이지요. 말씀을 보게 되면 사람의 생각은 사탄이며 이 세상은 저주받은 세상이고 사람의 몸은 흙일뿐입니다. 그러나 사람의 생각으로 보면 이 세상은 영원히 살고 싶은 세상이며 천국 사람의 육체는 자기로 보이고 자기의 생각은 신이 되는 것입니다.

"우리가 육신에 있을 때에는 율법으로 말미암는 죄의 정욕이 우리 지체 중에 역사하여 우리로 사망을 위하여 열매를 맺게 하였더니 이제는 우리가 얽매였던 것에 대하여 죽었으므로 율법에서 벗어났으니 이러므로 우리가 영의 새로운 것으로 섬길 것이요 율법 조문의 묵은 것으로 아니할지니라 그런즉 우리가 무슨 말을 하리요 율법이 죄냐 그럴 수 없느니라 율법으로 말미암지 않고는 내가 죄를 알지 못하였으니 곧 율법이 탐내지 말라 하지 아니하였더라면 내가 탐심을 알지 못하였으리라 (롬 7:5-7)"

"우리가 율법은 신령한 줄 알거니와 나는 육신에 속하여 죄 아래에 팔렸도다 (롬 7:14)"

"우리 주 예수 그리스도로 말미암아 하나님께 감사하리로다 그런즉 내 자신이 마음으로는 하나님의 법을 육신으로는 죄의 법을 섬기노라 (롬 7:25)"

우리가 육신에 얽매여 있을 때는 우리의 생각이 역사하여 우리로 하여금 사망을 위해 살도록 했다는 것입니다. 그때는 비록 죄 아래 팔렸었지만, 이제는 우리가 얽매였던 사람의 생각에서 벗어나 영의 새로운 것, 즉 말씀을 섬길 것이라고 합니다.

'내 자신이 마음(말씀)으로는 하나님의 법을 육신으로는 죄의 법을 섬기노라' 육신을 섬기는 생각이 죄라는 것입니다.

"예수께서 들으시고 그들에게 이르시되 건강한 자에게는 의사가 쓸 데 없고 병든 자에게라야 쓸 데 있느니라 나는 의인을 부르러 온 것이 아니요 죄인을 부르러 왔노라 하시니라 (막 2:17)"

예수님께서 보시면 모든 사람이 죄인인데 사람들은 자기가 의인이라고 생각한다는 것입니다. 말로는 죄인이라고 하지만 마음속으로는 의인이라고 생각하는 것이지요.

죄인은 자신이 옳은 것이 없다고 생각하기 때문에 할 말이 없고 남의 말을 듣는 자의 위치에 있습니다. 그러나 자신이 의인이라고 생각하는 사람은 자기가 옳다고 생각하기 때문에 하나님도 자기에 맞추어야 되고, 교회도 자기가 인정을 해야 됩니다. 자기 마음에 맞는 목사를 찾고, 예수님도 자기가 판단합니다. 신의 위치에 있는 사람이지요. 자기의 생각만이 옳다고 여기기 때문에 말씀을 들을 수가 없는 것입니다. 예수님의 십자가의 도는 사람의 생각이 꼭 끝이 나야 하나님을 만날 수 있다고 기록하고 있습니다.

10

예수님의 뜻

예수님의 뜻

　예수님이 사람의 죄를 용서하셨다고 하는 기록은 성경 어디에서도 찾아볼 수 없습니다. 예수님 자신도 사람의 모습으로 이 땅에 오셨고, 육체의 죄를 정해서 십자가에서 돌아가셨던 것입니다.
　세상에서 원죄는 가져가고 자범죄는 남았다고 하는 것이나 예수님이 십자가에 돌아가셨기 때문에 모든 죄는 사해졌다는 것이나 지은 죄를 회개하면 용서해준다는 것은 성경의 기록에서 벗어난 종교의 교리입니다. 사람의 생각으로 하나님의 말씀을 혼잡하게 만들어서 모든 사람을 지옥으로 인도하는 것입니다.

"다시 이르시되 내가 가리니 너희가 나를 찾다가 너희 죄 가운데서 죽겠고 내가 가는 곳에는 너희가 오지 못하리라 (요 8:21)"

우리의 생각 가운데서 예수님을 찾는다면 찾지 못할 것이라고 합니다. 또 예수님이 가시는 곳, 천국에도 가지 못한다고 말씀하고 계십니다.

"예수께서 이르시되 너희는 아래에서 났고 나는 위에서 났으며 너희는 이 세상에 속하였고 나는 이 세상에 속하지 아니하였느니라 (요 8:23)"

예수님은 이 세상에 속하지 않았고 하늘에 속했다고 말씀하십니다. 그리고 우리는 이 세상에 속해 있습니다. 사람의 생각이 이 세상을 좋아하고 육체를 섬기며 영원히 이 땅에 살고 싶어 하는 이유는 마귀의 영을 섬기기 때문입니다. 이것을 예수님은 죄라고 말씀하고 계십니다.

예수님은 하늘에 속했다는 것은 하나님의 말씀을 믿는다는 의미이며 우리들이 이 세상에 속했다는 것은 사람의 생각을 믿는다는 것입니다.

"그러므로 내가 너희에게 말하기를 너희가 너희 죄 가운데서 죽으리라 하였노라 너희가 만일 내가 그인 줄 믿지 아니하면 너희 죄 가운데서 죽으리라 (요 8:24)"

우리가 말씀을 받지 아니하면 우리의 생각 가운데서 예수님을 만나지 못하고 죽으리라고 말씀하고 계십니다. 우리들이 사람의 생각을 버리고 하나님의 말씀을 받아 구원받기를 원하시는 것입니다.

"무릇 내게 오는 자가 자기 부모와 처자와 형제와 자매와 더욱이 자기 목숨까지 미워하지 아니하면 능히 내 제자가 되지 못하고 누구든지 자기 십자가를 지고 나를 따르지 않는 자도 능히 내 제자가 되지 못하리라 너희 중의 누가 망대를 세우고자 할진대 자기의 가진 것이 준공하기까지에 족할는지 먼저 앉아 그 비용을 계산하지 아니하겠느냐 (눅 14:26-28)"

예수님을 만날 수 있는 방법을 우리에게 가르쳐 주고 계십니다. '누구든지 자기 십자가를 지고 나를 따르지 않는 자는 능히 내 제자가 되지 못하리라' 예수님께서는 부모나 처자, 형제나 자매, 심지어 자기 목숨까지도 미워하지 않으면 당신의 제자가 될 수 없다고 말씀하십니다. 자기의 생각을 버리지 않는 사람은 예수님의 말씀이 들리지 않는다는 겁니다.

예수님께서는 사람들이 좋아하는 부모, 형제, 자식, 목숨, 즉 자기 생각을 십자가에 지우라고 말씀하십니다. 십자가는 사망의 장소, 모든 것이 끝나는 장소를 의미하는 것이니 생각을 없애라는 것입니다.

"그러므로 예수께서 자기를 믿은 유대인들에게 이르시되 너희가 내 말에 거하면 참으로 내 제자가 되고 진리를 알지니 진리가 너희를 자유롭게 하리라 (요 8:31-32)"

'예수님 말씀에 거한다'는 것은 말씀과는 다른 사람의 생각을 버리고 예수님 말씀을 따라 산다는 것이지요. 예수님의 말씀은 우리를 자유롭게 합니다.

"예수께서 이르시되 내가 진실로 너희에게 이르노니 나와 복음을 위하여 집이나 형제나 자매나 어머니나 아버지나 자식이나 전토를 버린 자는 현세에 있어 집과 형제와 자매와 어머니와 자식과 전토를 백배나 받되 박해를 겸하여 받고 내세에 영생을 받지 못할 자가 없느니라 (막 10:29-30)"

예수님께서는 예수님과 복음을 위해서 사람의 생각이 가장 좋아하는 집과 부모 형제, 자식이나 전토를 버리기를 원하고 계십니다. 곧 사람의 생각을 버리면 현세에서 그 백배를 받을 것이며, 다가오는 내세에서는 영원한 생명을 받을 것이라고 말씀하십니다.

예수님의 말씀은 이 땅의 괴로움이나 슬픔, 가난이나 고통 등 모든 것이 사람의 생각에서 만들어지고 있다는 것입니다. 사람의 생각을 버리면 예수님의 말씀이 오게 되고 현세에서나 내세에서 행복을 백배나 받는다는 말씀입니다.

"나를 저버리고 내 말을 받지 아니하는 자를 심판할 이가 있으니 곧 내가 한 그 말이 마지막 날에 그를 심판하리라 (요 12:48)"

"나는 그의 명령이 영생인 줄 아노라 그러므로 내가 이르는 것은 내 아버지께서 내게 말씀하신 그대로니라 하시니라 (요 12:50)"

예수님의 말씀을 듣지 않는 사람은 자기 생각이 옳다고 여기는 사람입니다. 자기의 생각이 틀리다고 생각하면 남의 말을 들을 수밖에 없겠지만 자기의 생각이 옳다고 여기기 때문에 남의 말을 들을 수가 없는 것입니다.

예수님께서는 말씀을 받지 않으면 마지막 날에 예수님의 말씀이 심판을 하신다고 합니다. 우리 모든 사람이 바라는 것은 영원히 사는 것인데 영원한 생명은 하나님의 명령, 곧 말씀이라는 것입니다.

에덴은 기쁨과 평안, 감사와 행복이 있으며 생명 말씀 안에서 역사하는 곳입니다. 창세기에서 보았듯이 우리는 에덴에서 뱀의 유혹을 받아 하나님의 말씀을 버렸습니다. 말씀 대신 우리가 받은 것은 에덴이 아닌 세상이고 수고와 슬픔, 고통, 사망입니다. 이것들은 사람의 생각이 불러온 것입니다.

"형제들아 내가 그리스도 예수 우리 주 안에서 가진 바 너희에 대한 나의 자랑을 두고 단언하노니 나는 날마다 죽노라 (고전 15:31)"

사도 바울이 '날마다 죽는다'고 한 것은 육체가 죽는 것이 아니라 생각이 죽는다는 뜻입니다. 생각이 죽는다는 것은 그 생각이 틀렸음을 알고 더 이상 보지 않고, 듣지 않는다는 것입니다. 이 마음이 되면 말씀이 진리요, 하나님만이 나의 신이라고 믿는 할례당이 되어 육신의 생각을 신뢰하지 않게 됩니다.

"무리에게 이르시되 아무든지 나를 따라오려거든 자기를 부인하고 날마다 제 십자가를 지고 나를 따를 것이니라 누구든지 제 목숨을 구원하고자 하면 잃을 것이요 누구든지 나를 위하여 제 목숨을 잃으면 구원하리라 사람이 만일 온 천하를 얻고도 자기를 잃든지 빼앗기든지 하면 무엇이 유익하리요 누구든지 나와 내 말을 부끄러워하면 인자도 자기와 아버지와 거룩한 천사들의 영광으로 올 때에 그 사람을 부끄러워하리라 (눅 9:23-26)"

예수님께서는 자기의 목숨이나 생각을 없애고, 하나님의 말씀을 마음에 받아들여야 구원받을 수 있다고 말씀하십니다. 말씀을 받아들이지 않고는 천하를 얻는다고 해도 아무런 유익이 없다는 것이지요. 이 세상에 대한 미련과 탐욕으로 만들어진 사람의 생각은 구원을 받는데 도움이 되지 않는다는 것입니다.

"성경은 폐하지 못하나니 하나님의 말씀을 받은 사람들을 신이라 하셨거든 (요 10:35)"

하나님의 말씀이 곧 성경이기 때문에 성경은 없애지 못한다는 것입니다. 성경에서는 말씀을 받은 사람들을 신이라고 기록하고 있습니다. 말씀이 곧 하나님이라는 것이지요. 그러므로 하나님을 만나려면 말씀을 받은 사람들을 찾아야 합니다.

"예수께서 이르시되 너희는 사람 앞에서 스스로 옳다 하는 자들이나 너희 마음을 하나님께서 아시나니 사람 중에 높임을 받는 그것은 하나님 앞에 미움을 받는 것이니라 율법과 선지자는 요한의 때까지요 그 후부터는 하나님 나라의 복음이 전파되어 사람마다 그리로 침입하느니라 그러나 율법의 한 획이 떨어짐보다 천지가 없어짐이 쉬우리라 (눅 16:15-17)"

육체를 신뢰하고 이 세상에 살고 싶어 하나님을 불신하고 천국에 가기를 싫어하는 것이 사람입니다. '사람의 높임을 받는다'는 것은 이 세상에 살고자 하는 사람들의 생각에 맞는다는 것입니다. 성경의 기록 한 획이 떨어짐보다 천지가 없어지는 것이 쉽다는 것은 율법, 성경의 기록만이 진리이며 참이라는 것입니다.

"만일 네 오른 눈이 너로 실족하게 하거든 빼어 내버리라 네 백체 중 하나가 없어지고 온 몸이 지옥에 던져지지 않는 것이 유익하며 또한 만일 네 오른손이 너로 실족하게 하거든 찍어 내버리라 네 백체 중 하나가 없어지고 온 몸이 지옥에 던져지지 않는 것이 유익하니라 (마 5:29-30)"

예수님은 아무도 용서하지 않았으며, 죄를 용서할 수가 없다고 하십니다. 죄는 육신을 신처럼 섬기고 하나님을 거짓, 또는 존재하지 않는다고 여기는 것입니다.

용서라는 것은 죄이지만 선이다, 이것이 용서인데 선은 죄를 죽여야 되고, 죄는 선을 죽어야 되는 것입니다. 육신의 생각은 하나님과 원수이며 함께 할 수 없기 때문입니다.

실제로 눈을 빼거나 손을 찍어야 된다는 것이 아니라 하나님을 거부하는 사람의 생각과 죄를 빼버리고, 찍어내야 한다는 것입니다. 그것이 지옥에 가지 않는 유일한 길입니다.

"아버지나 어머니를 나보다 더 사랑하는 자는 내게 합당하지 아니하고 아들이나 딸을 나보다 더 사랑하는 자도 내게 합당하지 아니하며 또 자기 십자가를 지고 나를 따르지 않는 자도 내게 합당하지 아니하니라 자기 목숨을 얻는 자는 잃을 것이요 나를 위하여 자기 목숨을 잃는 자는 얻으리라 (마 10:37-39)"

예수님께서는 인간의 생각을 따라 사는 사람은 죽을 수밖에 없다고 말씀하십니다. 그러나 자기의 십자가를 지고 하나님의 말씀을 따르는 사람은 구원을 얻을 것이라고 하십니다.

"내가 또 너희에게 이르노니 구하라 그러면 너희에게 주실 것이요 찾으라 그러면 찾아낼 것이요 문을 두드리라 그러면 너희에게 열릴 것이니 구하는 이마다 받을 것이요 찾는 이는 찾아낼 것이요 두드리는 이에게는 열릴 것이니라 너희 중에 아버지 된 자로서 누가 아들이 생선을 달라 하는데 생선 대신에 뱀을 주며 알을 달라 하는데 전갈을 주겠느냐 너희가 악할지라도 좋은 것을 자식에게 줄 줄 알거든 하물며 너희 하늘 아버지께서 구하는 자에게 성령을 주시지 않겠느냐 하시니라 (눅 11:9-13)"

하나님은 성경을 통해서 당신의 약속을 실행하십니다. 우리가 하나님을 돈 버는 것처럼 찾는다면 하나님은 성령을 주신다고 약속을 하셨습니다.

"진실로 진실로 너희에게 이르노니 사람이 내 말을 지키면 영원히 죽음을 보지 아니하리라 (요 8:51)"

예수님의 말씀이 생명이고 성령인 것입니다. 말씀을 받아들여 지킨다면 영생을 얻을 것이라고 하십니다.

11

성령의 기적과
사람의 생각

성령의 기적과 사람의 생각

"하나님이 보내신 이는 하나님의 말씀을 하나니 이는 하나님이 성령을 한량 없이 주심이니라 (요 3:34)"

성령은 곧 하나님의 말씀이라는 것이지요.

예를 들어 우리는 아버지, 어머니, 아들, 딸, 손자 이것을 한마디로 표현할 때 '가족'이라고 합니다. 그리고 아버지는 가족에서 나왔으니까 그 아버지는 가족이라 해도 틀린 말이 아닙니다.

하나님의 세계는 여러 가지가 있는 것이 아닙니다. 말씀이 바로 여호와 하나님이시며 예수님이십니다. 성령과 율법, 교훈, 성경도 말씀에서 나온 것이며 이 말씀이 바로 성경의 기록입니다.

예수님이 이 세상에 오신 목적도 성경에 기록되어 있습니다.

"죽은 자 가운데서 살아나신 후에야 제자들이 이 말씀하신 것을 기억하고 성경과 예수께서 하신 말씀을 믿었더라 (요 2:22)"

이 모든 일, 예수님이 죽었다가 살아나신 일이 일어나게 된 것은 주께서 선지자로 하신 말씀을 이루려 하셨다는 겁니다. 즉 예수님이 이 땅에 오신 것은 말씀을 이루기 위해서 오신 것입니다.

"예수와 함께 있던 자 중에 하나가 손을 펴 검을 빼어 대제사장의 종을 쳐 그 귀를 떨어뜨리니 이에 예수께서 이르시되 네 검을 도로 집에 꽂으라 검을 가지는 자는 다 검으로 망하느니라 너는 내가 내 아버지께 구하여 지금 열 두 영 더 되는 천사를 보내시게 할 수 없는 줄로 아느냐 내가 만일 그렇게 하면 이런 일이 있으리라 한 성경이 어떻게 이루어지리요 하시더라 (마 26:51-54)"

예수님께서는 하늘의 열두 군단이 넘는 천사를 보내어 사람들을 물리칠 수 있는 능력이 있었지만 그렇게 하지 않으십니다. 그 이유는 '이런 일이 있으리라'고 기록된 성경 말씀을 이루기 위해서입니다. 그래서 예수님의 능력을 포기하신다고 말씀하고 계십니다.

"살리는 것은 영이니 육은 무익하니라 내가 너희에게 이른 말은 영이요 생명이라 (요 6:63)"

예수님의 말씀은 영이고 성령이며 또한 생명이라고 하십니다. 육은 사람의 생각을 가리키는 것으로, 육신을 섬기기 때문에 육이라고 표현하는 것입니다. '육은 무익하니라'는 것은 사람의 생각이 정욕, 탐욕을 원하고 있지만 이것마저도 이룰 수 있는 능력이 없다는 것입니다.

육의 세계, 즉 사람의 생각에 바탕을 둔 세계는 태어날 때부터 고치지 못할 병이 두 가지 있습니다. 그것은 죽음과 노동이지요. 우리는 백 년 정도의 삶을 살 수 있지만 결국은 죽을 수밖에 없습니다. 또 백 년 가까운 세월 동안 살아가기 위해 힘들여 일을 해야 합니다. 초등학교를 나왔거나 서울대를 나왔거나 사법고시를 합격했거나 결국은 일을 해야 살 수 있지요. 죽기 전에는 본인이 원하지 않아도 노예와 같이 일을 해야 생활을 영위할 수 있는 것입니다. 이는 곧 백년 뒤에 죽는 것이 아니라 태어날 때부터 죽어서 태어났다고 볼 수 있는 것입니다.

그러나 이러한 사람의 한계 노동과 죽음을 이긴 세계가 존재합니다. 진정한 능력의 세계, 말씀의 세계인 것입니다.

"예수께서 이르시되 나는 부활이요 생명이니 나를 믿는 자는 죽어도 살겠고 무릇 살아서 나를 믿는 자는 영원히 죽지 아니하리니 이것을 네가 믿느냐 (요 11:25-26)"

예수님께서는 영원히 죽지 않으신다고 하십니다. 그뿐 아니라 죽었다가 부활하신다는 겁니다. 그리고 우리에게 영생을 믿는지를 물어보십니다.

성경에서는 인류 역사상 누구도 해결하지 못했던 노예 생활과 죽음이라는 두 가지 문제를 해결해 놓고 있습니다. 선지자들은 일반 사람이 할 수 없는 능력을 행하고 있는데, 그들은 하나님의 말씀과 명령을 받고, 성령을 받은 이들이기 때문입니다.

선지자 모세는 홍해 바다를 가르고, 광야에서 양식이 떨어졌을 때 하늘에서 만나를 내리게 하였습니다. 물이 없는 곳에서는 지팡이로 바위를 쳐서 물이 나게 하였고, 이스라엘 백성들이 고기를 먹고 싶어 하자 온 땅에 메추라기를 쌓이게 하였습니다. 엘리사 선지자는 불치의 병, 문둥병에 걸린 나아만 장군을 낫게 하였습니다. 또 사도 바울은 죽은 사람을 살렸는가 하면 독사에 물렸을 때도 몸에 이상이 없었습니다. 베드로도 죽은 사람을 살렸지요.

예수님이 직접 일으키신 기적에 대해서는 다음의 성경말씀을 보도록 합시다.

"큰 광풍이 일어나며 물결이 배에 부딪쳐 들어와 배에 가득하게 되었더라 예수께서는 고물에서 베개를 베고 주무시더니 제자들이 깨우며 이르되 선생님이여 우리가 죽게 된 것을 돌보지 아니하시나이까 하니 예수께서 깨어 바람을 꾸짖으시며 바다더러 이르시되 잠잠하라 고요하라 하시니 바람이 그치고 아주 잔잔하여지더라 이에 제자들에게 이르시되 어찌하여 이렇게 무서워하느냐 너희가 어찌 믿음이 없느냐 하시니 그들이 심히 두려워하여 서로 말하되 그가 누구이기에 바람과 바다도 순종하는가 하였더라 (막 4:37-41)"

예수님께서 바람을 꾸짖으시고 바다에게 명령하시니 바람이 잦아들고 바다가 잔잔해졌습니다. 예수님께 순종한 것입니다. 예수님은 성령으로 잉태되신 분이며, 성령은 곧 하나님의 말씀이기 때문입니다.

"태초에 말씀이 계시니라 이 말씀이 하나님과 함께 계셨으니 이 말씀은 곧 하나님이시니라 그가 태초에 하나님과 함께 계셨고 만물이 그로 말미암아 지은 바 되었으니 지은 것이 하나도 그가 없이는 된 것이 없느니라 (요 1:1-3)"

"태초부터 있는 생명의 말씀에 관하여는 우리가 들은 바요 눈으로 본 바요 자세히 보고 우리의 손으로 만진 바라 이 생명이 나타내신 바 된 지라 이 영원한 생명을 우리가 보았고 증언하여 너희에게 전하노니 이는 아버지와 함께 계시다가 우리에게 나타내신 바 된 이시니라 우리가 보고 들은 바를 너희에게도 전함은 너희로 우리와 사귐이 있게 하려 함이니 우리의 사귐은 아버지와 그의 아들 예수 그리스도와 더불어 누림이라 (요1 1:1-3)"

지금 예수님에 대하여 말씀하신 것입니다. 말씀이 사람의 모습으로 오신 분이 바로 예수님이신 겁니다. 만물이 말씀으로 지어 졌으니 모든 것이 말씀이 없이 된 것은 없습니다. 그래서 예수님 이 바다와 바람에게 꾸짖으시자 바람과 바다가 창조주를 보고 순 종을 하였던 것입니다. 그런데 우리 사람의 생각은 마귀에서 나 왔기 때문에 예수님의 말씀에 순종하지 않을 뿐 아니라 할 수도 없는 것입니다.

"육신의 생각은 하나님과 원수가 되나니 이는 하나님의 법에 굴복하지 아니할 뿐 아니라 할 수도 없음이라 (롬 8:7)"

"예수께서 그들에게 대답하여 이르시되 하나님을 믿으라 내가 진실로 너희에게 이르노니 누구든지 이 산더러 들리어 바다에 던져지라 하며 그 말하는 것이 이루어질 줄 믿고 마음에 의심하지 아니하면 그대로 되리라 그러므로 내가 너희에게 말하노니 무엇이든지 기도하고 구하는 것은 받은 줄로 믿으라 그리하면 너희에게 그대로 되리라 서서 기도할 때에 아무에게나 혐의가 있거든 용서하라 그리하여야 하늘에 계신 너희 아버지께서도 너희 허물을 사하여 주시리라 하시니라 (막 11:22–25)"

예수님은 우리에게 하나님을 믿으라, 하나님을 믿으면 기적이 일어난다고 하십니다. 하나님을 믿는다는 것은 말씀을 받는 것이고 말씀을 받는 사람들을 성경에서는 다음과 같이 기록하고 있습니다.

"예수께서 이르시되 너희 율법에 기록된바 내가 너희를 신이라 하였노라 하지 아니하였느냐 성경은 폐하지 못하나니 하나님의 말씀을 받은 사람들을 신이라 하셨거든 (요 10:34-35)"

"주께서 이르시되 너희에게 겨자씨 한 알만한 믿음이 있었더라면 이 뽕나무더러 뿌리가 뽑혀 바다에 심기어라 하였을 것이요 그것이 너희에게 순종하였으리라 너희 중 누구에게 밭을 갈거나 양을 치거나 하는 종이 있어 밭에서 돌아오면 그더러 곧 와 앉아서 먹으라 말할 자가 있느냐 (눅 17:6-7)"

   말씀이 우리 마음에 임하게 되면 기적이 일어난다고 합니다. 누구든지 마음에 의심하지 않고 겨자씨 한 알만한 믿음이 있다면 뽕나무를 바다에 옮겨 심을 수도 있다고 말씀하십니다. 우리의 마음에 믿음과 말씀, 하나님이 있으면 원하는 모든 것이 우리의 뜻대로 이루어진다는 것입니다. 사람들의 생각으로는 도저히 믿기 어려운 기적의 세계를 예수님은 말씀하고 계십니다.
   예수님이 이 세상에 오신 목적은 말씀을 이루기 위함이고, 이 말씀은 마귀에게서 온 사람의 생각을 죽이기 위함입니다. 사람의 생각을 버리면 하나님의 말씀이 그대로 들리고, 그 말씀이 기적을 일으킨다는 것입니다.

12

저주의 세계

복의 세계와 저주의 세계

"내가 이 두루마리의 예언의 말씀을 듣는 모든 사람에게 증언하노니 만일 누구든지 이것들 외에 더하면 하나님이 이 두루마리에 기록된 재앙들을 그에게 더하실 것이요 만일 누구든지 이 두루마리의 예언의 말씀에서 제하여 버리면 하나님이 이 두루마리에 기록된 생명나무와 및 거룩한 성에 참여함을 제하여 버리시리라 (계 22:18-19)"

이 성경에 기록된 말씀 외에 사람의 생각을 말씀에 더하여 전하면 하나님께서 성경에 기록된 재앙을 그에게 내린다고 말씀하고 있습니다. 또 이 성경의 말씀을 빼고 전하는 사람이 있다면 천국에 부르실 때 그 사람을 제하여 버리시겠다고 하십니다.

"이에 숨은 부끄러움의 일을 버리고 속임으로 행하지 아니하며 하나님의 말씀을 혼잡하게 하지 아니하고 오직 진리를 나타냄으로 하나님 앞에서 각 사람의 양심에 대하여 스스로 추천하노라 (고후 4:2)"

성경은 하나님의 말씀을 혼잡하게 하지 말고 진리 말씀만을 전해야 된다고 기록하고 있습니다. 즉 사람의 생각을 하나님의 생각, 즉 말씀에 섞지 말아야 한다는 것입니다.

"형제들아 내가 너희를 위하여 이 일에 나와 아볼로를 들어서 본을 보였으니 이는 너희로 하여금 기록된 말씀 밖으로 넘어가지 말라 한 것을 우리에게서 배워 서로 대적하여 교만한 마음을 가지지 말게 하려 함이라 (고전 4:6)"

하나님은 기록된 말씀 밖으로 넘어가지 말라고 강조하십니다. 하나님의 말씀 밖으로 넘어가는 것은 사단의 세계에 들어가는 것이며 또한 교만한 마음을 가지게 되는 것입니다. 이것이 사단의 올무이며 사람의 생각으로 하나님의 세계를 거부하는 마귀의 세계인 것입니다.

그래서 성경에서는 말씀이 하나님의 세계이고, 말씀이 아닌 것은 마귀의 세계라고 합니다. 하나님의 말씀 안에 역사하는 세계는 복의 세계이고, 사람의 생각 안에 있는 세계는 저주의 세계이며 죽음을 의미한다는 것입니다.

"네가 네 하나님 여호와의 말씀을 삼가 듣고 내가 오늘 네게 명령하는 그의 모든 명령을 지켜 행하면 네 하나님 여호와께서 너를 세계 모든 민족 위에 뛰어나게 하실 것이라 네가 네 하나님 여호와의 말씀을 청종하면 이 모든 복이 네게 임하며 네게 이르리니 성읍에서도 복을 받고 들에서도 복을 받을 것이며 네 몸의 자녀와 네 토지의 소산과 네 짐승의 새끼와 소와 양의 새끼가 복을 받을 것이며 네 광주리와 떡 반죽 그릇이 복을 받을 것이며 네가 들어와도 복을 받고 나가도 복을 받을 것이니라 여호와께서 너를 대적하기 위해 일어난 적군들을 네 앞에서 패하게 하시리라 그들이 한 길로 너를 치러 들어왔으나 네 앞에서 일곱 길로 도망하리라 여호와께서 명령하사 네 창고와 네 손으로 하는 모든 일에 복을 내리시고 네 하나님 여호와께서 네게 주시는 땅에서 네게 복을 주실 것이며 여호와께서 네게 맹세하신 대로 너를 세워 자기의 성민이 되게 하시리니 이는 네가 네 하나님 여호와의 명령을 지켜 그 길로 행할 것임이니라 땅의 모든 백성이 여호와의 이름이 너를 위하여 불리는 것을 보고 너를 두려워하리라 여호와께서 네게 주리라고 네 조상들에게 맹세하신 땅에서 네게 복을 주사 네 몸의 소생과 가축의 새끼와 토지의 소산을 많게 하시며 여호와께서 너를 위하여 하늘의 아름다운 보고를 여시사 네 땅에 때를 따라 비를 내리시고 네 손으로 하는 모든 일에 복을 주시리니 네가 많은 민족에게 꾸어줄지라도 너는 꾸지 아니할 것이요 여호와께서 너를 머리가 되고 꼬리가 되지 않게 하시며 위에만 있고 아래에 있지 않게 하시리니 오직 너는 내가 오늘 네게 명령하는 네 하나님 여호와의 명령을 듣고 지켜 행하며 내가 오늘 너희에게 명령하는 그 말씀을 떠나 좌로나 우로나 치우치지 아니하고 다른 신을 따라 섬기지 아니하면 이와 같으리라 (신 28:1-14)"

하나님께서는 당신의 말씀을 따라 살면 복을 받을 것이라고 하십니다. 하나님의 말씀의 지식은 참이며 진리이고, 사람의 지식은 거짓입니다. 사람의 지식이 거짓인 이유는 능력이 없기 때문입니다. 그것은 원함만 가득한 지식입니다. 원함이라는 것은 꿈과 같은 것인데, 꿈이란 존재하지 않는 세계, 이루어지지 않는 세계이지요. 남이 나보다 약할 때 이루어지는 세계, 사실은 존재하지 않는 세계인 것입니다.

하나님은 말씀으로 천지를 창조하셨고, 창조하신 말씀이 곧 능력이며 참 진리인 것입니다. 그래서 말씀을 지키게 되면 말씀이 없는 세계 모든 민족보다 뛰어 날 수밖에 없는 것입니다.

하나님의 말씀과 명령을 잘 듣고 따르면 세계 모든 민족들 보다 뛰어나게 될 것이라고 말하고 있습니다. 또한 성읍에도 복을 받고 들에서도 복을 받고, 자녀와 온갖 재물에도 복을 받을 것이라고 합니다.

복의 근원은 여호와의 말씀, 곧 성령입니다. 말씀을 마음에 담아 그대로 따르면 하나님께서 모든 적들을 물리쳐 주시고 우리 손으로 하는 모든 일에 복을 주시어 풍족하게 해 주신다고 약속하십니다. 또한 약속하신 대로 하나님의 백성이 되게 하실 것이며, 그러면 이 땅의 모든 백성이 하나님으로 인해 우리를 보고 두려워할 거라고 하십니다.

우리는 왕이 되고 결코 부하는 되지 않을 것이니 우리가 해야 할 일은 여호와의 말씀을 잘 듣고 따르는 것입니다. 그러면 말씀이 사람이 상상할 수 없는 세계로 인도하신다고 약속하셨습니다. 이것이 복의 세계이며 말씀만이 복이라는 것입니다.

저주의 세계는 다음의 성경 말씀에서 볼 수 있습니다.

"네가 만일 네 하나님 여호와의 말씀을 순종하지 아니하여 내가 오늘 네게 명령하는 그의 모든 명령과 규례를 지켜 행하지 아니하면 이 모든 저주가 네게 임하며 네게 이를 것이니 네가 성읍에서도 저주를 받으며 들에서도 저주를 받을 것이요 또 네 광주리와 떡 반죽 그릇이 저주를 받을 것이요 네 몸의 소생과 네 토지의 소산과 네 소와 양의 새끼가 저주를 받을 것이며 네가 들어와도 저주를 받고 나가도 저주를 받으리라 네가 악을 행하여 그를 잊으므로 네 손으로 하는 모든 일에 여호와께서 저주와 혼란과 책망을 내리사 망하며 속히 파멸하게 하실 것이며 여호와께서 네 몸에 염병이 들게 하사 네가 들어가 차지할 땅에서 마침내 너를 멸하실 것이며 여호와께서 폐병과 열병과 염증과 학질과 한재와 풍재와 썩는 재앙으로 너를 치시리니 이 재앙들이 너를 따라서 너를 진멸하게 할 것이라 네 머리 위의 하늘은 놋이 되고 네 아래의 땅은 철이 될 것이며 여호와께서 비 대신에 티끌과 모래를 네 땅에 내리시리니 그것들이 하늘에서 네 위에 내려 마침내 너를 멸하리라 여호와께서 네 적군 앞에서 너를 패하게 하시리니 네가 그들을 치러 한 길로 나가서 그들 앞에서 일곱 길로 도망할 것이며 네가 또 땅의 모든 나라 중에 흩어지고 네 시체가 공중의 모든 새와 땅의 짐승들의 밥이 될 것이나 그것들을 쫓아줄 자가 없을 것이며 여호와께서 애굽의 종기와 치질과 괴혈

병과 피부병으로 너를 치시리니 네가 치유 받지 못할 것이며 여호와께서 또 너를 미치는 것과 눈 머는 것과 정신병으로 치시리니 맹인이 어두운 데에서 더듬는 것과 같이 네가 백주에도 더듬고 네 길이 형통하지 못하여 항상 압제와 노략을 당할 뿐이리니 너를 구원할 자가 없을 것이며 네가 여자와 약혼하였으나 다른 사람이 그 여자와 같이 동침할 것이요 집을 건축하였으나 거기에 거주하지 못할 것이요 포도원을 심었으나 네가 그 열매를 따지 못할 것이며 네 소를 네 목전에서 잡았으나 네가 먹지 못할 것이며 네 나귀를 네 목전에서 빼앗겨도 도로 찾지 못할 것이며 네 양을 원수에게 빼앗길 것이나 너를 도와 줄 자가 없을 것이며 네 자녀를 다른 민족에게 빼앗기고 종일 생각하고 찾음으로 눈이 피곤하여지나 네 손에 힘이 없을 것이며 네 토지 소산과 네 수고로 얻은 것을 네가 알지 못하는 민족이 먹겠고 너는 항상 압제와 학대를 받을 뿐이리니 이러므로 네 눈에 보이는 일로 말미암아 네가 미치리라 여호와께서 네 무릎과 다리를 쳐서 고치지 못할 심한 종기를 생기게 하여 발바닥에서부터 정수리까지 이르게 하시리라 여호와께서 너와 네가 세울 네 임금을 너와 네 조상들이 알지 못하던 나라로 끌어 가시리니 네가 거기서 목석으로 만든 다른 신들을 섬길 것이며 여호와께서 너를 끌어 가시는 모든 민족 중에서 네가 놀람과 속담과 비방거리가 될 것이라 네가 많은 종자를 들에 뿌릴지라도 메뚜기가 먹으므로 거둘 것이 적을 것이며 네가 포도원을 심고 가꿀지라도 벌레가 먹으므로 포도를 따지 못하고 포도주를 마시지 못할 것이며 네 모든 경내에 감람나무가 있을지라도 그 열매가 떨어지므로 그 기름을 네 몸에 바르지 못할 것이며 네가 자녀를 낳을지라도 그들이 포로가 되므로 너와 함께 있지 못할 것이며 네 모든 나무와 토지 소산은 메뚜기가 먹을 것이며 너의 중에 우거하는 이방인은 점점 높아져서 네 위에 뛰어나고 너는 점점 낮아질 것이며 그는 네게 꾸어줄지라도 너는 그에게 꾸어주지 못하리니 그는 머리가 되고 너는 꼬리가 될 것이라 네가 네 하나님 여호와의 말씀을 청종하지 아니하고 네게 명령하신 그의 명령과 규례를 지키지 아니하므로 이 모든 저주가 네게 와서 너를 따르고 네게 이르러 마침내 너를 멸하리니 이 모든 저주가 너와 네 자손에게 영원히 있어서 표징과 훈계가 되리라 네가 모든 것이 풍족하여도 기쁨과 즐거운 마음으로 네 하나님 여호와를 섬기지 아니함으로 말미암아 네가 주리고 목마르고 헐벗고 모든 것이 부족한 중에서 여호와께서 보내사 너를 치게 하실 적군을 섬기게 될 것이니 그가 철 멍에를 네 목에 메워 마침내 너를 멸할 것이라 (신 28:15-48)"

하나님 말씀에 순종하지 아니하고 사람의 생각대로 살면 하나님의 저주가 있을 것이라고 말씀하십니다. 성읍과 들에서도 저주를 받을 것이며 먹을 것과 재산과 자녀까지도 저주받을 것이라고 합니다. 우리가 어디 있든지 저주를 피할 수가 없다는 것입니다.

우리 손으로 하는 모든 일에 혼란과 책망을 내리시어 속히 파멸하게 할 것이며 폐병과 열병 등 여러 가지 질병으로 괴롭힐 것이라고 하십니다. 하늘은 놋이 되고 땅은 철이 되어 우리가 아무리 노력을 해도 굶주림과 질병에 허덕일 것입니다.

말씀을 따르지 않으면 우리는 미치고, 눈멀어 대낮에도 볼 수가 없어 노략질을 당해도 구해줄 이가 없을 것이라고 합니다. 우리가 어떤 것을 원해도 이루어지지 않을 것이며 농사를 지어도 벌레와 메뚜기로 인해 그 소출을 거둘 수 없을 것이라고 말씀하고 계십니다. 하나님의 무서운 저주와 징벌은 우리가 겪어보지 못한 끔찍한 일로, 그로 말미암아 우리는 미쳐버리고 말 것입니다.

우리가 원하지 않는 저주를 내리시는 것은 우리가 여호와의 말씀을 듣지 않고 사람의 생각, 마귀의 지식을 섬기기 때문입니다. 이 모든 저주가 우리에게 내리면 결국 우리의 생각은 우리를 죽일 것이라고 성경은 경고하고 있는 것입니다.

육신의 생각은 죽음이요, 영의 생각은 생명과 평안입니다. 사람의 생각은 우리를 죽게 하지만, 하나님의 말씀은 우리를 살릴 것입니다. 우리는 육신의 생각을 버리고 하나님의 말씀을 받아들여야 되는 것입니다.

"네가 만일 이 책에 기록한 이 율법의 모든 말씀을 지켜 행하지 아니하고 네 하나님 여호와라 하는 영화롭고 두려운 이름을 경외하지 아니하면 (신 28:58)"

하나님의 모든 말씀을 지켜 행하지 아니하면 각종 재앙과 질병, 기근과 가난, 천대와 멸시 속에서 살 수밖에 없다고 가르쳐 주십니다.

말씀 안에 하나님의 능력이 있고 복이 있고 평안이 있고 천국이 있고 믿음이 있습니다. 말씀에서 떠난 사람의 생각 안에는 저주가 있고 슬픔이 있고 고통이 있고 불만이 있고 미움이 있고 질병이 있습니다. 수고와 죽음, 영원한 지옥이 사람의 생각이 주는 마귀의 세상인 것입니다.

말씀의 세계

말씀의 세계

"태초에 말씀이 계시니라 이 말씀이 하나님과 함께 계셨으니 이 말씀은 곧 하나님이시니라 그가 태초에 하나님과 함께 계셨고 만물이 그로 말미암아 지은 바 되었으니 지은 것이 하나도 그가 없이는 된 것이 없느니라 (요 1:1-3)"

우리가 볼 수 있는 하나님은 성경의 기록, 즉 말씀이라는 것입니다. 말씀이 천지를 창조하셨으니 모든 창조물은 말씀이 아니고는 존재하지 않는다는 것이지요.

하나님은 구약에서는 선지자를 통해서 말씀하셨으며, 신약에서는 예수님을 통하여, 그리고 예수님이 가신 이후에는 성경을 통하여 말씀하십니다. 따라서 요즘 신앙인들은 여호와 하나님도 아니고 그리스도 예수님도 아니고 성경의 기록, 즉 성경말씀을 하나님의 말씀으로 받아들여야 하는 것입니다. 다음의 성경에서도 그것을 확인할 수 있습니다.

"성경이 바로에게 이르시되 내가 이 일을 위하여 너를 세웠으니 곧 너로 말미암아 내 능력을 보이고 내 이름이 온 땅에 전파되게 하려 함이라 하셨으니(롬 9:17)"

하나님은 곧 성경이라는 것입니다. 지금 우리는 여호와 하나님도 그리스도 예수님도 목사님도 아닌 성경의 기록, 말씀만을 받아들여야 합니다. 오늘날 하나님이나 예수님의 형상, 목사님, 성경이 동시에 주어진다면 우리는 무엇을 믿어야 할까요? 예를 들어 보겠습니다. 하나님이 구약을 선지자를 통하여 말씀하시던 때, 예수님이 오셨는데도 사람들이 여전히 선지자의 말을 믿는다면 이는 하나님을 거부하는 것이라고 볼 수 있습니다. 신약에 예수님이 가시면서 우리에게 '나를 믿지 마라, 내가 보혜사 성령을 보낼 테니 성령을 믿으라'고 말씀하셨습니다. 나를 믿지 말라는 말씀은 이후로는 성경말씀을 믿으라는 뜻이 아니면 무엇이겠습니까?

"그러하나 내가 너희에게 실상을 말하노니 내가 떠나가는 것이 너희에게 유익이라 내가 떠나가지 아니하면 보혜사가 너희에게로 오시지 아니할 것이요 가면 내가 그를 너희에게로 보내리니 (요 16:7)"

"그러하나 진리의 성령이 오시면 그가 너희를 모든 진리 가운데로 인도하시리니 그가 자의로 말하지 않고 오직 듣는 것을 말하시며 장래 일을 너희에게 알리시리라 (요 16:13)"

예수께서는 보혜사 진리의 성령을 믿으라고 말씀하고 계십니다. 우리가 예수님을 믿는다는 것은 예수님의 말씀을 믿는 것인데, 지금도 육신으로 오신 예수님을 믿고 있다면 그는 분명히 적그리스도의 영을 가진 사탄의 지식을 믿는 것입니다. 예수님의 말씀을 거부하는 것이 사탄입니다.

"또 어려서부터 성경을 알았나니 성경은 능히 너로 하여금 그리스도 예수 안에 있는 믿음으로 말미암아 구원에 이르는 지혜가 있게 하느니라 모든 성경은 하나님의 감동으로 된 것으로 교훈과 책망과 바르게 함과 의로 교육하기에 유익하니 이는 하나님의 사람으로 온전하게 하며 모든 선한 일을 행할 능력을 갖추게 하려 함이라 (딤후 3:15-17)"

성경은 하나님도 아니고 예수님도 아니고 목사님도 아니라는 것입니다. 성경은 하나님의 말씀으로, 구원에 이르는 능력이 있어 우리가 하나님의 사람으로 살아갈 수 있는 능력을 주신다고 말씀하십니다.

"내가 땅의 일을 말하여도 너희가 믿지 아니하거든 하물며 하늘의 일을 말하면 어떻게 믿겠느냐 (요 3:12)"

예수님께서는 사람의 생각을 이야기하여도 사람이 다 믿지 않는데, 하물며 하늘의 일, 말씀을 말하면 우리가 믿겠느냐고 하십니다.

"내 아버지께서 모든 것을 내게 주셨으니 아버지 외에는 아들을 아는 자가 없고 아들과 또 아들의 소원대로 계시를 받는 자 외에는 아버지를 아는 자가 없느니라 (마 11:27)"

우리는 하나님의 계시 말씀을 받지 않고는 하나님을 알 수가 없다는 것입니다. 예수님이 우리에게 주고자 하신 것이 무엇인지 다음의 성경에 기록되어 있습니다.

"세상 중에서 내게 주신 사람들에게 내가 아버지의 이름을 나타내었나이다 그들은 아버지의 것이었는데 내게 주셨으며 그들은 아버지의 말씀을 지키었나이다 지금 그들은 아버지께서 내게 주신 것이 다 아버지로부터 온 것인 줄 알았나이다 나는 아버지께서 내게 주신 말씀들을 그들에게 주었사오며 그들은 이것을 받고 내가 아버지께로부터 나온 줄을 참으로 아오며 아버지께서 나를 보내신 줄도 믿었사옵나이다 (요 17:6-8)"

말씀입니다. 예수님이 우리에게 주신 것은 말씀이며, 말씀 안에는 하나님을 알게 하고 믿게 하는 능력이 있다는 것입니다. 따라서 말씀을 받지 않고는 하나님을 알 수가 없습니다. 말씀을 받으려면 말씀에 대적하고 있는 육신을 섬기는 사람의 생각이 끝이 나야 합니다. 그래야 에덴에서 잃어버린 말씀이 부활하는 기적이 일어나는 것입니다. 이것이 거듭남, 구원, 영생, 믿음, 생명, 천국인 것입니다.

"그리스도 예수의 사람들은 육체와 함께 그 정욕과 탐심을 십자가에 못 박았느니라 만일 우리가 성령으로 살면 또한 성령으로 행할지니 (갈 5:24-25)"

사람의 생각이 죽은 예수님의 사람들은 말씀대로 살고 행할 수밖에 없는 것입니다. 예수님을 믿으면서 사람의 생각대로 산다면 영적 간첩인 것입니다.

"너희가 진리를 순종함으로 너희 영혼을 깨끗하게 하여 거짓이 없이 형제를 사랑하기에 이르렀으니 마음으로 뜨겁게 서로 사랑하라 너희가 거듭난 것은 썩어질 씨로 된 것이 아니요 썩지 아니할 씨로 된 것이니 살아 있고 항상 있는 하나님의 말씀으로 되었느니라 그러므로 모든 육체는 풀과 같고 그 모든 영광은 풀의 꽃과 같으니 풀은 마르고 꽃은 떨어지되 (벧전 1:22-25)"

우리는 말씀에 순종함으로써 우리의 영혼이 깨끗하게 됩니다. 우리가 거듭나는 것은 썩어 없어질 씨, 즉 육신의 생각으로 인한 것이 아닙니다. 썩어 없어질 육신을 위하는 사람의 생각이 아닌 썩지 아니할 씨, 하나님을 증거하는 살아있는 말씀이 있기 때문입니다.

보이는 모든 것은 언젠가는 없어지지만 주님의 말씀은 영원히 살아있는 것입니다. 우리에게 전한 복음은 이 말씀입니다.

"어느 때나 하나님을 본 사람이 없으되 만일 우리가 서로 사랑하면 하나님이 우리 안에 거하시고 그의 사랑이 우리 안에 온전히 이루느니라 그의 성령을 우리에게 주시므로 우리가 그 안에 거하고 그가 우리 안에 거하시는 줄을 아느니라 (요 4:12-13)"

하나님은 영이시기 때문에 사람의 눈으로는 볼 수가 없습니다. 우리가 서로 사랑하면 하나님이 우리 안에 거하시고 그분의 사랑이 우리 안에 있는 것입니다. 사랑은 자기의 유익을 구하지 않기 때문에 처음부터 사람에게 사랑이 있었던 것은 아닙니다. 생각은 남을 위하는 것이 아니라 자기만을 위하기 때문에 생각은 사랑이 아니라 욕심인 것입니다.

예수님은 자기를 죽이는 사람들의 죄를 그들에게 돌리기를 원하지 않으셨습니다. 이처럼 성경의 지식은 사랑의 지식입니다.

예수님께서는 우리에게 성령과 함께 서로 사랑하라는 말씀을 주셨습니다. 그러므로 우리가 서로 사랑할 때, 우리가 말씀 안에 거하고 말씀이 내 안에 거하는 것을 알 수 있게 됩니다.

"이 모든 일의 된 것은 주께서 선지자로 하신 말씀을 이루려 하심이니 가라사대 (마 1:22)"

예수님이 이 땅에 오신 것은 말씀을 이루려 하심이라는 것입니다. 다음 성경에서도 하나님의 뜻을 볼 수 있습니다. "나사렛이란 동네에 와서 사니 이는 선지자로 하신 말씀에 나사렛 사람이라 칭하리라 하심을 이루려 함이러라 (마 2:23)" 선지자의 말씀을 이루려 오셨던 것입니다. "이는 선지자 이사야로 하신 말씀을 이루려 하심이라 일렀으되 (마 4:14)" 말씀을 이루려 예수님이 오셨고, 말씀은 우리에게 말씀을 받기를 원하십니다.

"위로부터 오시는 이는 만물 위에 계시고 땅에서 난 이는 땅에 속하여 땅에 속한 것을 말하느니라 하늘로서 오시는 이는 만물 위에 계시나니 그가 그 보고 들은 것을 증거하되 그의 증거를 받는 이가 없도다 그의 증거를 받는 이는 하나님을 참되시다 하여 인쳤느니라 하나님의 보내신 이는 하나님의 말씀을 하나니 이는 하나님이 성령을 한량없이 주심이니라 (요 3:31-34)"

사람의 생각으로 난 사람들은 땅에 속해 있으므로 땅에 속한 것만을 말하지만 하늘로부터 오시는 이는 만물 위에 계시니 하늘의 것을 증언하십니다. 따라서 이 땅에 속한 사람들은 하늘의 것을 알지 못하므로 예수님의 증언을 받지 않는다는 것입니다.

그러나 그의 증언, 곧 말씀을 받은 이들은 하나님이 참되시다는 것을 확신한다는 것입니다. 하나님이 그 말씀, 성령을 한량없이 주셨기 때문입니다.

"너희는 내가 일러준 말로 이미 깨끗하였으니 (요 15:3)"

우리 영혼이 깨끗하게 되는 것은 아버지의 말씀을 받아들였기 때문입니다. 또 "하나님은 모든 사람이 구원을 받으며 진리를 아는데 이르기를 원하시느니라 (딤전 2:4)" 하나님께서는 우리들이 구원 받고 진리를 찾기를 원하고 계십니다.

"위의 것을 생각하고 땅의 것을 생각지 말라 (골 3:2)"

위의 것은 하나님의 말씀이고 땅의 것은 사람의 생각입니다.

"그리스도의 말씀이 너희 속에 풍성히 거하여 모든 지혜로 피차 가르치며 권면하고 시와 찬미와 신령한 노래를 부르며 마음에 감사함으로 하나님을 찬양하고 (골 3:16)"

우리 마음에 그리스도 말씀이 풍성하게 들어오면 하나님을 찬양하고 감사할 수 있게 됩니다.

"그러나 성령이 밝히 말씀하시기를 후일에 어떤 사람들이 믿음에서 떠나 미혹케 하는 영과 귀신의 가르침을 좇으리라 하셨으니 (딤전 4:1)"

우리가 말씀을 떠나서 살게 되면 마음이 흐려져 귀신의 가르침을 따르게 되고, 사람의 생각대로 살게 된다는 것입니다.

"내가 아버지의 말씀을 저희에게 주었사오매 세상이 저희를 미워하였사오니 이는 내가 세상에 속하지 아니함 같이 저희도 세상에 속하지 아니함을 인함이니이다 내가 비옵는 것은 저희를 세상에서 데려가시기를 위함이 아니요 오직 악에 빠지지 않게 보전하시기를 위함이니이다 내가 세상에 속하지 아니함 같이 저희도 세상에 속하지 아니하였삽나이다 저희를 진리로 거룩하게 하옵소서 아버지의 말씀은 진리니이다 아버지께서 나를 세상에 보내신 것 같이 나도 저희를 세상에 보내었고 또 저희를 위하여 내가 나를 거룩하게 하오니 이는 저희도 진리로 거룩함을 얻게 하려 함이니이다 (요 17:14-19)"

말씀에서는 사람의 생각이 더럽다고 합니다. 그런데 하나님의 진리 말씀으로 우리를 거룩하게 하신다는 것입니다.

"성경은 폐하지 못하나니 하나님의 말씀을 받은 사람들을 신이라 하셨거든 (요 10:35)"

우리가 볼 수 있는 신은 하나님의 말씀이라는 것입니다.

"나를 저버리고 내 말을 받지 아니하는 자를 심판할 이가 있으니 곧 나의 한 그 말이 마지막 날에 저를 심판하리라 (요 12:48)"

"나는 그의 명령이 영생인줄 아노라 그러므로 나의 이르는 것은 내 아버지께서 내게 말씀하신 그대로 이르노라 하시니라 (요 12:50)"

하나님의 말씀을 받지 아니하는 자는 마지막 날에 말씀으로써 심판을 받는다는 것입니다. 그리고 그분의 명령은 영원한 생명이므로 말씀을 받은 자는 영원히 죽지 않고 산다는 것입니다.

"지금 내가 여러분을 주와 및 그 은혜의 말씀께 부탁하노니 그 말씀이 여러분을 능히 든든히 세우사 거룩하게 하심을 입은 모든 자 가운데 기업이 있게 하시리라 (행 20:32)"

이 복음에서는 하나님도, 예수님도, 목사님도 아닌 주 은혜의 말씀이 우리를 세우고 깨끗하게 하신다고 말씀하고 있습니다.

"내가 아버지께 구하겠으니 그가 또 다른 보혜사를 너희에게 주사 영원토록 너희와 함께 있게 하시리니 저는 진리의 영이라 세상은 능히 저를 받지 못하나니 이는 저를 보지도 못하고 알지도 못함이라 그러나 너희는 저를 아나니 저는 너희와 함께 거하심이요 또 너희 속에 계시겠음이라 (요 14:16-17)"

보혜사는 진리의 영이라 사람의 생각을 믿는 사람은 이 영을 받을 수 없고 알 수도 없다는 것입니다. 사람의 생각을 버린 이들만이 진리의 영을 받을 수가 있고 그 영은 영원히 우리와 함께 하신다는 말씀입니다.

"태초부터 있는 생명의 말씀에 관하여는 우리가 들은 바요 눈으로 본 바요 주목하고 우리 손으로 만진 바라 이 생명이 나타내신바 된지라 이 영원한 생명을 우리가 보았고 증거하여 너희에게 전하노니 이는 아버지와 함께 계시다가 우리에게 나타내신바 된 자니라 (요1 1:1-2)"

예수님은 태초부터 있는 생명의 말씀이라는 것입니다. 제자들은 이 영원한 생명의 말씀이신 예수님을 보고 만졌습니다. 그분은 바로 인간의 모습으로 우리에게 오신 예수님이셨습니다.

"만일 우리가 죄 없다 하면 스스로 속이고 또 진리가 우리 속에 있지 아니할 것이요 만일 우리가 우리 죄를 자백하면 저는 미쁘시고 의로우사 우리 죄를 사하시며 모든 불의에서 우리를 깨끗케 하실 것이요 만일 우리가 범죄하지 아니하였다 하면 하나님을 거짓말 하는 자로 만드는 것이니 또한 그의 말씀이 우리 속에 있지 아니하니라 (요1 1:8-10)"

우리가 죄가 없다고 말하는 것은 우리 스스로를 속이는 것이고, 진리도 우리 안에 없다고 말씀하십니다. 우리가 잘못되지 않았다고 하면 하나님의 말씀을 들을 필요가 없는 것이지요.

그러나 우리 속에 있는 것이 죄라면 우리는 죄를 물리치기 위해서 하나님을 믿어야 되는 것입니다. 우리가 죄가 없다고 말하면 하나님과 예수님, 성경이 필요 없을 것입니다. 또 하나님을 거짓말하는 이로 만드는 것이니 그의 말씀이 우리 속에 있지 아니할 것입니다.

"우리가 그의 계명을 지키면 이로써 우리가 저를 아는 줄로 알 것이요 저를 아노라 하고 그의 계명을 지키지 아니하는 자는 거짓말하는 자요 진리가 그 속에 있지 아니하되 누구든지 그의 말씀을 지키는 자는 하나님의 사랑이 참으로 그 속에서 온전케 되었나니 이로써 우리가 저 안에 있는 줄을 아노라 저 안에 거한다 하는 자는 그의 행하시는대로 자기도 행할찌니라 사랑하는 자들아 내가 새 계명을 너희에게 쓰는 것이 아니라 너희가 처음부터 가진 옛 계명이니 이 옛 계명은 너희의 들은 바 말씀이거니와 (요1 2:3-7)"

우리가 계명을 지키면 하나님을 알 수 있지만, 계명을 지키지 않으면 하나님은 없다는 것입니다. 그 계명이 바로 하나님을 이야기하는 것이기 때문입니다. 예수님은 새 계명을 우리에게 주신 것이 아니라 옛 계명, 즉 지금까지 우리가 들어왔던 말씀을 주신 것입니다.

"형제들 아브라함의 후예와 너희 중 하나님을 경외하는 사람들아 이 구원의 말씀을 우리에게 보내셨거늘 (행 13:26)"

이 말씀이 구원이라는 것입니다. 그러나 사람들이 "그러나 이것을 당신께 고백하리이다 나는 저희가 이단이라 하는 도를 좇아 조상의 하나님을 섬기고 율법과 및 선지자들의 글에 기록된 것을 다 믿으며 (행 24:14)" 이 하나님의 말씀을 듣게 되면 이단이라고 여기며 자기들과 다르다고 느낀다는 것입니다.

"악인은 그 길을, 불의한 자는 그 생각을 버리고 여호와께로 돌아오라 그리하면 그가 긍휼히 여기시리라 우리 하나님께로 나아오라 그가 널리 용서하시리라 여호와의 말씀에 내 생각은 너희 생각과 다르며 내 길은 너희 길과 달라서 하늘이 땅보다 높음 같이 내 길은 너희 길보다 높으며 내 생각은 너희 생각보다 높으니라 (사 55:7-9)"

하나님께서는 악인, 불의한 자는 자기의 생각을 버리고 말씀에게로 돌아오기를 원하십니다. '이는 내 생각이 너희 생각과 다르며 내 길은 너희 길과 다름이니라' 하나님의 생각과 사람의 생각은 분명히 다르다고 말씀하고 계십니다. 또한 하나님의 생각은 사람의 생각보다 높아서 사람의 생각으로는 도저히 알 수가 없다는 것입니다.

"지내쳐 그리스도 교훈 안에 거하지 아니하는 자마다 하나님을 모시지 못하되 교훈 안에 거하는 이 사람이 아버지와 아들을 모시느니라 누구든지 이 교훈을 가지지 않고 너희에게 나아가거든 그를 집에 들이지도 말고 인사도 말라 그에게 인사하는 자는 그 악한 일에 참예하는 자임이니라 (요2 1:9-11)"

성경은 이 교훈 말씀이 없으면 하나님을 모시지 못한다고 기록하고 있습니다. 하나님의 말씀을 가지지 않은 자는 악한 자이기 때문에 상대하지 말고 집에 들이지도 말라는 것입니다.

"나도 너희가 아브라함의 자손인줄 아노라 그러나 내 말이 너희 속에 있을 곳이 없으므로 나를 죽이려 하는도다 나는 내 아버지에게서 본 것을 말하고 너희는 너희 아비에게서 들은 것을 행하느니라 대답하여 가로되 우리 아버지는 아브라함이라 하니 예수께서 가라사대 너희가 아브라함의 자손이면 아브라함이 행한 일들을 할 것이어늘 지금 하나님께 들은 진리를 너희에게 말한 사람인 나를 죽이려 하는도다 아브라함은 이렇게 하지 아니 하였느니라 너희는 너희 아비의 행한 일들을 하는도다 대답하되 우리가 음란한데서 나지 아니하였고 아버지는 한 분뿐이시니 곧 하나님이시로다 예수께서 가라사대 하나님이 너희 아버지였으면 너희가 나를 사랑하였으리니 이는 내가 하나님께로 나서 왔음이라 나는 스스로 온 것이 아니요 아버지께서 나를 보내신 것이니라 어찌하여 내 말을 깨닫지 못하느냐 이는 내 말을 들을 줄 알지 못함이로다 너희는 너희 아비 마귀에게서 났으니 너희 아비의 욕심을 너희도 행하고자 하느니라 저는 처음부터 살인한 자요 진리가 그 속에 없으므로 진리에 서지 못하고 거짓을 말할 때마다 제 것으로 말하나니 이는 저가 거짓말장이요 거짓의 아비가 되었음이니라 내가 진리를 말하므로 너희가 나를 믿지 아니하는도다 너희 중에 누가 나를 죄로 책잡겠느냐 내가 진리를 말하매 어찌하여 나를 믿지 아니하느냐 하나님께 속한 자는 하나님의 말씀을 듣나니 너희가 듣지 아니함은 하나님께 속하지 아니하였음이로다 (요 8:37–47)"

예수님은 마음에 생각이 가득히 있는 사람을 보고 '내 말이 너희 속에 거할 곳이 없으므로 나를 죽이려 하는도다'라고 말씀하십니다. 하나님의 사람은 하나님의 말씀을 잘 듣고 따르지만, 자기 생각으로 가득한 사람은 하나님에게 속하지 않았기 때문에 말씀을 듣지 않는다는 것입니다.

"이러므로 우리가 하나님께 쉬지 않고 감사함은 너희가 우리에게 들은바 하나님의 말씀을 받을 때에 사람의 말로 아니하고 하나님의 말씀으로 받음이니 진실로 그러하다 이 말씀이 또한 너희 믿는 자 속에서 역사하느니라 (살전 2:13)"

우리가 하나님의 말씀을 들을 때 사람의 말로 들으면 들리지 않는다는 것입니다. 그러나 하나님의 말씀을 전하는 사람을 하나님으로 보게 되면 그 말씀은 하나님의 말씀으로 들리는 것입니다.

"저희가 이 같은 일을 행하는 자는 사형에 해당하다고 하나님의 정하심을 알고도 자기들만 행할 뿐 아니라 또한 그 일을 행하는 자를 옳다 하느니라 (롬 1:32)"

우리 사람의 생각은 하나님의 말씀을 항상 틀렸다라고 느낀다는 것입니다. 하나님께서 육신의 생각을 따라 살면 죽이겠다고 정해놓으신 것을 알면서도, 자기만 생각대로 행하는 것이 아니라 다른 사람도 말씀을 듣지 못하게 한다는 것입니다.

공중에 권세 잡은 자는 마귀, 불순종의 영을 섬기기 때문에 항상 하나님이 틀려 보이고 자신의 생각이 옳아 보입니다. 예수님이 오신 것은 말씀을 전하기 위해서 오신 것입니다.

"옛적에 선지자들로 여러 부분과 여러 모양으로 우리 조상들에게 말씀하신 하나님이 이 모든 날 마지막에 아들로 우리에게 말씀하셨으니 이 아들을 만유의 후사로 세우시고 또 저로 말미암아 모든 세계를 지으셨느니라 이는 하나님의 영광의 광채시요 그 본체의 형상이시라 그의 능력의 말씀으로 만물을 붙드시며 죄를 정결케 하는 일을 하시고 높은 곳에 계신 위엄의 우편에 앉으셨느니라 (히 1:1-3)"

   선지자들이 살아있었던 것도 말씀을 전하기 위함이고 예수님이 오신 것도 말씀을 전하기 위함입니다. 우리가 해야 되는 것은 말씀을 듣고 말씀을 받는 것입니다. 그러면 하나님이 느껴지고 하나님을 경외하게 됩니다.
   인간의 속성은 죄악이지만, 말씀 안에는 이 속성에서 벗어나 신의 성품에 참여하도록 하는 능력이 있다는 것입니다. 그러므로 말씀을 받게 되면 자기에서 해방되고 이 세상을 떠나 하나님 나라를 볼 수가 있습니다.

14

사람의 생각은 거짓이다

사람의 생각은 거짓이다

"예수께서 가라사대 내가 곧 길이요 진리요 생명이니 나로 말미암지 않고는 아버지께로 올 자가 없느니라 (요14:6)"

사람들은 하나님을 믿지 않을 뿐 아니라 믿으려고 하지도 않습니다. 예수께서는 '내가 곧 길이요'라고 말씀하셨는데 예수님이 길이라면 예수님이 아닌 것은 무엇이겠습니까?

이번 성경말씀에서는 사람들이 말씀이신 예수님을 통하지 않고는 행복, 기쁨, 생명을 찾기 어렵다고 하십니다. 또한 예수님이 진리라면 사람의 생각은 거짓이라는 것입니다. 사람들은 하나님도 자신의 거짓된 생각에 맞추려 하고, 믿음도 거짓된 사람의 생각에 맞는 믿음을 찾고 있습니다. 이러한 사람의 생각에 대해 예수님께서는 거짓되었다고 성경을 통하여 말씀하십니다.

"그럴 수 없느니라 사람은 다 거짓되되 오직 하나님은 참되시다 할찌어다 기록된바 주께서 주의 말씀에 의롭다 함을 얻으시고 판단 받으실 때에 이기려 하심이라 함과 같으니라 (롬 3:4)"

성경에서는 사람은 거짓되지만 오직 하나님은 참되시다고 말씀하십니다. 그러나 우리들은 이 말씀을 받아들이지 못하고 사람의 생각을 진리라고 느끼고 있는 것입니다.

"죄가 율법 있기 전에도 세상에 있었으나 율법이 없을 때에는 죄를 죄로 여기지 아니하느니라 (롬 5:13)"

성경은 사람의 생각을 죄라고 이야기하고 있습니다. 그러나 한 사람이라도 자기 생각이 죄라고 느끼는 사람은 없습니다. 우리가 우리의 생각을 죄로 느끼게 된 것은 하나님의 율법 말씀이 우리 마음에 임하게 되면서부터입니다. 즉 말씀이 사람의 생각을 죄라고 느끼게 하는 것입니다 말씀이 마음에 들어오지 않고는 사람들 스스로가 자기의 생각이 죄라고 깨달을 수가 없습니다.

말씀이 임해서 자기의 모습을 보게 된 다윗 왕은 자신은 출생부터 죄 중에 있었다고 말했습니다.

"내가 죄악 중에 출생하였음이여 모친이 죄 중에 나를 잉태하였나이다 (시편

51:5)"

다윗은 자신이 죄악 중에 태어났고 어머니가 죄 중에서 잉태했기 때문에 자기에게서 나올 수 있는 것은 죄밖에 없다고 말합니다. 그래서 다윗은 좋든 싫든 하나님만을 바라볼 수밖에 없었던 것입니다. 하나님께서도 다윗을 보시고 이는 나와 합한 자라고 말씀하셨고, 다윗 또한 생명이 다하는 날까지 하나님의 말씀만 신뢰하고 살 수밖에 없었던 것입니다. 그렇지 않으면 죄에게 끌려가서 비참한 마지막이 온다는 것을 다윗은 알았던 것입니다.

"이러므로 한 사람으로 말미암아 죄가 세상에 들어오고 죄로 말미암아 사망이 왔나니 이와 같이 모든 사람이 죄를 지었으므로 사망이 모든 사람에게 이르렀느니라 (롬 5:12)"

이 땅의 모든 사람이 죽을 수밖에 없는 이유는 한 사람으로 말미암아 죄가 사람의 마음에 들어왔기 때문이라고 합니다. 죄라는 것은 하나님의 말씀과는 반대되는 사람의 생각이지요.

"선악을 알게 하는 나무의 실과는 먹지 말라 네가 먹는 날에는 정녕 죽으리라 하시니라 (창 2:17)"

이 말씀은 선이고 선의 반대되는 소리, "뱀이 여자에게 이르되 너희가 결코 죽지 아니하리라 (창 3:4)" 이렇게 하나님의 말씀을 거역하는 생각이 죄라는 것입니다.

우리에게 죽음이 온 것은 말씀을 거역하고, 육체와 돈을 신뢰하는 사람의 생각을 받아들였기 때문입니다. 우리가 하나님을 믿는다면 아담으로부터 들어온 죄, 즉 사람의 생각을 없애는데 인생을 소비해도 되지 않겠습니까?

에덴에는 학교도 돈도 공장도 슬픔도 괴로움도 사망도 두려움도 없었습니다. 우리 마음에 죄가 없고 하나님의 말씀 '선'을 따를 때에는 비록 벌거벗었지만 부족한 것이 없었습니다. 하나님 한 분으로 만족할 수 있었던 것이지요. 그러나 하나님을 떠난 우리 인생은 모든 것이 부족해졌고 불만 속에 살게 되었습니다. 원함은 있으되 능력이 없기 때문에 죄 안에 살게 된 것이지요.

사람의 육체는 혼을 담는 그릇이고 혼은 영 또는 말씀을 담는 그릇입니다 우리 사람은 육과 혼이 사람인 것입니다. 처음에 하나님께서는 육체와 혼에 아무런 능력을 주시지 않으셨습니다. 하나님을 주시기 위하여 무능력하게 만들었던 것입니다. 만약 작은 능력이라도 있다면 하나님을 받을 수가 없기 때문입니다.

그런데 뱀의 유혹을 받아 사람의 생각이 생기게 되면서 육신을 섬기고 하나님을 거부하게 된 것입니다. 한 사람으로 인해 죄가 세상에 들어왔고 그 죄로 말미암아 죽음이 사람에게 들어왔던 것입니다.

　우리가 이 세상 어떤 서적을 보더라도 우리에게 사망이 왜 왔는지, 수고가 왜 왔는지 이야기해 주는 책은 없습니다. 성경에는 우리 인생이 에덴에서 살 때에는 벌거벗었지만 부족하지 않게 살았다는 것이 기록되어 있습니다. 지금 이 세상에서는 아무리 높은 지위에 있는 사람이라 할지라도 늘 만족하지 못 한 채 살아가고 있습니다. 많은 것을 가졌지만 늘 부족한 이 세상과 비록 벌거벗었지만 만족했던 에덴을 비교해 볼 때, 우리는 무엇이 문제였을까요?

　인류의 첫 번째 사람인 아담은 하나님께서 흙으로 사람을 지으시고 생기를 그 코에 불어 넣어 생령이 되었습니다. 그 생령에게 하나님의 법, 말씀을 두시니 사람에게는 하나님만 보였습니다. 하나님만 보인 사람 아담은 부족함 없이 만족하게 살았습니다. 그런데 어느 날 뱀이 찾아와 하나님의 법이 아닌 마귀의 법, 지금 세상 사람들이 신뢰하고 육체만 보게 하는 생각을 아담에게 넣었던 것입니다. 그래서 지금 이 세상에 두 가지의 법이 존재하는 것입니다. 즉 이 세상 모든 사람들이 신뢰하는 보이는 세계와 보이지 않는 하나님의 세계입니다. 사람의 생각은 보이는 육체의 세계이고, 하나님의 말씀은 보이지 않는 영의 세계인 것입니다.

　사람의 생각으로는 보이지 않는 하나님을 인정할 수가 없는 것입니다. 이 세상의 많은 사람들이 하나님을 믿는다고 하지만 실제로는 자기 생각에 맞는 하나님 우상을 섬기고 있는 것입니다. 하나님을 가장 잘 믿는다고 하던 유대인들은 예수님을 십자가에 못 박았습니다. 자기의 생각과 예수님이 전하신 말씀이 다르기 때문입니다.

지금 역시 많은 사람들이 예수님을 믿고 있습니다. 예수님께서는 '내가 떠나가는 것이 너희에게 유익하니 보혜사 성령을 보낼 테니 보혜사 성령을 믿어라'고 말씀하셨습니다. 예수님을 믿지 말라는 것인데 오늘날 많은 사람들이 예수님을 믿고 있습니다. 당시 유대인들이 예수님을 거부했던 것처럼 예수님을 믿는 사람들이 보혜사 성령을 거부하는 것입니다.

오늘날 이 땅에서 믿음은 하나님을 믿는 것이 아니고 예수님을 믿는 것도 아니고 성령 보혜사를 믿는 믿음입니다. 성령을 믿는 것이 하나님을 믿는 것이고 예수님을 믿는 것입니다. 그런데 사람의 생각은 보이는 것만 신뢰하기 때문에 성령 보혜사를 믿을 수가 없습니다. 우리가 우리 자신의 생각이 사단이라고 인식할 수 있을 때 하나님만 신뢰하게 되는 것입니다. 사람의 생각이 존재하는 이상 하나님을 만날 수가 없는 것입니다.

15

사람의 생각은 '죄'
하나님의 말씀은 '의'

사람의 생각은 '죄' 하나님의 말씀은 '의'

세상에는 의인과 죄인 두 종류가 있습니다.

"내가 의인을 부르러 온 것이 아니요 죄인을 불러 회개시키러 왔노라 (눅 5:32)"

예수님의 눈에는 이 세상 모든 사람이 죄인으로 보이는데 그들은 자기가 의인이라고 이야기하고 있습니다.
우리가 예수님을 믿는 것은 우리 자신이 죄인이라고 여기기 때문에 예수님을 믿을 수밖에 없습니다. 그러나 의인은 아무도 믿지 않습니다. 자기의 생각을 믿어야 되기 때문이지요. 예수님께서는 죄인을 구하러 오신 것입니다.

"예수께서 가라사대 너희도 아직까지 깨달음이 없느냐 입으로 들어가는 모든 것은 배로 들어가서 뒤로 내어 버려지는 줄을 알지 못하느냐 입에서 나오는 것들은 마음에서 나오나니 이것이야말로 사람을 더럽게 하느니라 마음에서 나오는 것은 악한 생각과 살인과 간음과 음란과 도적질과 거짓 증거와 훼방이니 (마 15:16-19)"

마음에서 나오는 사람의 생각이 사람을 더럽게 하고 악하게 한다고 말씀하십니다. 그런데 사람들은 자기의 생각이 선하고 의롭다고 신뢰하며 믿고 살아갑니다.

예수님을 믿는 사람들은 자기 속에 있는 생각이 죄라는 것을 깨닫게 되면서 자기를 불신하고 예수님을 믿게 되었던 것입니다. 예수님을 믿게 된 사람을 성경에서 찾아보겠습니다.

"그러나 나도 육체를 신뢰할만하니 만일 누구든지 다른 이가 육체를 신뢰할 것이 있는 줄로 생각하면 나는 더욱 그러하리니 내가 팔 일만에 할례를 받고 이스라엘의 족속이요 베냐민의 지파요 히브리인 중의 히브리인이요 율법으로는 바리새인이요 열심으로는 교회를 핍박하고 율법의 의로는 흠이 없는 자로라 (빌 3:4-6)"

사도 바울은 자기는 사람과 사람으로 비교했을 때 흠이 없는 완벽한 자라고 스스로 말했습니다. 그래서 예수님을 믿는 사람들을 잡으러 다녔던 것입니다. 자기가 선하다고 생각할 때는 자기가 아닌 모든 사람이 악하게 보이기 때문입니다. 사도 바울이 죄를 선이라고 보고 자신을 완벽한 사람이라고 생각했을 때는 예수님을 믿는 선한 사람들이 악한 사람들로 보였다는 것입니다.

"사울이 행하여 다메섹에 가까이 가더니 홀연히 하늘로서 빛이 저를 둘러 비추는지라 땅에 엎드러져 들으매 소리 있어 가라사대 사울아 사울아 네가 어찌하여 나를 핍박하느냐 하시거늘 (행 9:3-4)"

이제 사도 바울은 예수님을 만나게 됩니다. 하나님의 영이 사도 바울의 마음에 임하시니 자신의 죄를 알게 된 것입니다.

"이제는 이것을 행하는 자가 내가 아니요 내 속에 거하는 죄니라 (롬 7:17)"

사도 바울은 이제 자기 안의 자기 생각이 죄라는 것을 알게 됐습니다. 사람의 생각에 말씀이 임하기 전에는 우리 스스로의 생각을 죄라고는 이야기하지만 진정 죄라고 믿지는 않습니다. 그러나 사람의 생각이 악하고 더러운 죄라고 하는 말씀을 인정하게 되면 그때 우리는 죄인임을 깨닫게 됩니다. 죄인임을 깨달으면 우리 자신에게서 떠나 말씀을 믿게 되는 놀라운 세계에 들어가는 것입니다.

이것이 믿음의 세계입니다. 자기의 것이 틀리고 나쁘다는 것이 인정될 때, 자신을 불신하고 하나님에 대한 믿음이 생기는 것입니다.

"우리가 육신에 있을 때에는 율법으로 말미암는 죄의 정욕이 우리 지체 중에 역사하여 우리로 사망을 위하여 열매를 맺게 하였더니 이제는 우리가 얽매였던 것에 대하여 죽었으므로 율법에서 벗어났으니 이러므로 우리가 영의 새로운 것으로 섬길 것이요 의문의 묵은 것으로 아니할찌니라 (롬 7:5-6)"

우리가 육체를 섬길 때는 육신의 생각이 역사되어지는 죄의 정욕이 우리를 사망에 이르게 할 것이라고 합니다. 다시 말하면 사람의 생각은 사람을 죽이기 위하여 존재한다는 것입니다. 그러나 이제는 우리가 얽매였던 사람의 생각과 율법에서 벗어났으니 새로운 영이신 하나님을 섬기게 될 것이라고 성경은 기록하고 있습니다.

사람의 생각은 사탄의 영이기 때문에 육체를 위하는 것처럼 보이지만 실상은 하나님의 창조물인 육체를 죽이려고 하는 것입니다. 현대과학에서 사람을 죽이는 무기가 가장 빨리 발전하고 있는 것을 보면 알 수 있습니다.

"너희는 예루살렘 거리로 빨리 왕래하며 그 넓은 거리에서 찾아보고 알라 너희가 만일 공의를 행하며 진리를 구하는 자를 한 사람이라도 찾으면 내가 이 성을 사하리라 그들이 여호와의 사심으로 맹세할찌라도 실상은 거짓 맹세니라 (렘 5:1-2)"

하나님은 예루살렘, 하나님의 성전이 있는 거리에서 의인을 찾아보라고 하십니다. 정의를 행하며 진리를 구하는 자를 한 사람이라도 찾으면 성읍을 용서하시겠다고 하십니다. 그러나 하나님의 성전이 있는 그곳에서도 하나님을 찾는 사람은 한 사람도 없었습니다.

사람의 생각은 하나님을 싫어하기 때문에 한 사람도 찾을 수 없었던 것입니다. 설혹 하나님을 찾는 사람이 있었다 할지라도 실상은 거짓된 사람의 생각을 위하여 찾고 있었던 것입니다.

"내가 누구에게 말하며 누구에게 경책하여 듣게 할꼬 보라 그 귀가 할례를 받지 못하였으므로 듣지 못하는도다 보라 여호와의 말씀을 그들이 자기에게 욕으로 여기고 이를 즐겨 아니하니 (렘 6:10)"

어느 누구도 하나님의 말씀을 듣지 못하는 이유는 귀에 할례를 받지 못했기 때문이라는 것입니다. 귀에 할례를 받지 못했다는 것은 하나님의 법과 다른 법, 즉 하나님의 생각과 다른 사람의 생각이 마음에 있다는 것입니다. 사람은 자기 생각에 맞는 소리 밖에 듣지 않기 때문에 하나님의 말씀조차 욕으로 여기고 또한 그 말씀을 듣기 싫어한다는 것입니다.

"기록한바 의인은 없나니 하나도 없으며 깨닫는 자도 없고 하나님을 찾는 자도 없고 다 치우쳐 한 가지로 무익하게 되고 선을 행하는 자는 없나니 하나도 없도다 저희 목구멍은 열린 무덤이요 그 혀로는 속임을 베풀며 그 입술에는 독사의 독이 있고 그 입에는 저주와 악독이 가득하고 그 발은 피 흘리는데 빠른지라 파멸과 고생이 그 길에 있어 평강의 길을 알지 못하였고 저희 눈앞에 하나님을 두려워함이 없느니라 함과 같으니라 (롬 3:10-18)"

사람이 볼 때는 모든 사람이 의인이지만 하나님이 보시기에 의인은 하나도 없다고 하십니다. 하나님을 깨닫는 자도 없고 찾는 자도 없으며 선을 행하는 자도 없다는 것입니다. 인간은 선을 미워하고 하나님을 싫어하기 때문에 하나님을 찾지 않는다고 기록하고 있습니다. 하나님의 눈으로 봤을 때 모든 사람은 죄인이며 악인이라는 것입니다.

모든 사람은 먹기 위하여 살고 그 배를 채우기 위하여 거짓된 지식으로 속임을 일삼으며 그 입에는 저주와 악독 밖에 없다고 말씀하고 계십니다. 그 발은 죄를 짓는 일에 빠르기 때문에 파멸과 고생을 겪게 될 것이며 평강의 길을 찾지 못할 것이라고 합니다. 하나님을 두려워하지 않고 불신 속에서 살아갈 수밖에 없는 인생이라고 성경은 기록하고 있습니다.

"어리석은 자는 그 마음에 이르기를 하나님이 없다 하도다 저희는 부패하며 가증한 악을 행함이여 선을 행하는 자가 없도다 하나님이 하늘에서 인생을 굽어 살피사 지각이 있는 자와 하나님을 찾는 자가 있는가 보려하신즉 각기 물러가 함께 더러운 자가 되고 선을 행하는 자 없으니 하나도 없도다 죄악을 행하는 자는 무지하뇨 저희가 떡 먹듯이 내 백성을 먹으면서 하나님을 부르지 아니하는도다 (시 53:1-4)"

어리석은 자와 하나님의 영이 없는 자, 사탄의 영에 중독된 자, 사람의 생각을 섬기는 자는 마음에 하나님이 없다고 생각한다는 것입니다. 다시 말해 나는 하나님을 본 적이 없다고 하는 것입니다. 그들은 하나님의 영, 선한 영이 없기 때문에 부패할 수밖에 없으며 가증한 악을 행할 수밖에 없습니다. 하나님께서는 당신을 찾는 자가 있는지 보려 하셨지만 모든 사람이 하나님을 거부하고 선을 행하지 않았다고 기록하고 있습니다.

사람의 생각이 우리 마음에 있다는 것은 이 생각이 옳다고 여긴다는 것입니다. 이 생각이 옳다는 것은 이 생각과 다른 생각은 틀렸다고 느낀다는 것입니다.

"그리스도의 사랑이 우리를 강권하시는도다 우리가 생각건대 한 사람이 모든 사람을 대신하여 죽었은즉 모든 사람이 죽은 것이라 저가 모든 사람을 대신하여 죽으심은 산 자들로 하여금 다시는 저희 자신을 위하여 살지 않고 오직 그들을 대신하여 죽었다가 다시 사신 자를 위하여 살게 하려 함이니라 (고후 5:14-15)"

'예수님의 사랑, 예수님의 말씀이 우리를 강권하시는도다, 한 사람이 모든 사람을 대신하여 죽었은즉 모든 사람이 죽은 것이라' 예수님이 죽으신 것은 예수님이 죄가 있어서 죽으신 것이 아니라 죄가 있는 이 세상 모든 사람을 대신하여 죽었다는 것입니다. 그래서 예수님의 죽음을 바라보는 사람이라면 예수님의 죽음이 자기의 영적 죽음이 되어야 하는 것입니다. 그분이 모든 사람을 대신하여 죽었으므로 모든 사람은 그들 자신을 위하여 살지 않고, 오직 그들을 대신하여 죽었다가 다시 살아나신 예수님을 위하여 살아야 한다는 말씀입니다.

사람의 생각, 육체를 섬기는 생각이 죽고 하나님을 섬기는 말씀을 듣게 되는 것이 예수님이 십자가에 돌아가신 의미라는 것입니다. 능력도 없고 생명도 없는 이 육체를 보지 않고 실제의 능력, 영원한 세계의 주인이신 하나님을 섬기기 위함이라는 것입니다.

구원이라는 것은 마음이 구원을 받는 것인데, 마음은 영을 통해서만 보고 느낄 수 있는 세계입니다. 하나님의 말씀이 들리지 않으면 영원히 죄와 사망의 법, 인간의 생각을 이길 능력이 없는 것입니다. 빛이 들어오면 어둠이 물러가듯이 하나님의 말씀이 우리 마음에 들리면 우리의 생각은 진리에 쫓겨 거짓으로 드러나게 될 것입니다. 또한 우리의 마음은 진리이신 예수님의 말씀을 영원히 섬기게 되는 놀라운 세계를 발견하게 되는 것입니다. 자기를 믿는 세계에서 말씀을 믿는 세계로 옮겨가는 것이 구원이며 마음의 할례입니다.

기독교에 구원은 많지만 성경에서 볼 수 있는 구원은 그리 많지 않습니다. 노아의 방주 때는 겨우 8명만 구원을 받았습니다. 노아가 방주를 만드는 120년 동안은 전도의 기간이었고 물 심판을 알리는 기간이었습니다. 그때는 피임약도 없었을 때라는 것을 감안하면 구원받은 자의 인원수는 너무나 적었던 것입니다.

또한 출애굽기 때 20세 이상으로 싸움에 나갈 수 있는 레위지파를 제외한 장정의 총계가 60만 3,550명이었다면 대략 여자와 어린아이 합쳐서 180만 명 정도의 인구가 있었습니다. 그런데 가나안 땅에 들어간 사람은 여호수아와 갈렙 뿐이었습니다. 광야 40년 생활 동안 하늘에서 만나가 내리고, 불기둥과 구름기둥 등 수많은 하나님의 표적을 보고도 구원을 받은 사람은 단 2명뿐이었던 것입니다.

또 소돔과 고모라에서 하나님의 심판에 구원받은 사람은 롯과 그의 딸들뿐이었습니다. 인류 역사상 가장 복 받은 예수님의 12 제자들 중 한 사람은 예수님을 팔아버렸습니다. 예수님께서는 바람과 바다를 꾸짖으시고 물위를 걸으셨으며, 물고기 2마리와 보리떡 5개로 4,000명을 먹이고도 12바구니가 남은 기적을 행하셨습니다. 죽은 나사로를 살리시고 문둥병과 소경, 앉은뱅이, 중풍병자 등을 고쳐주기도 하셨습니다. 이러한 예수님을 스승으로 모신 제자들의 신앙은 3년을 예수님과 함께 하면서도 구원받지 못했던 것입니다.

만약 제자들이 예수님의 말씀을 믿었다면, 예수님께서 사람들에게 버려지고 십자가에서 돌아가시고 3일 만에 부활하신다는 말씀을 믿었다면 3년도 아니고 3개월도 아닌 3일을 무덤 앞에서 찬송하면서 기다리지 않았겠습니까? 그러나 제자들의 마음에는 자기의 생각이 있었기 때문에 예수님의 말씀이 들리지 않았던 것입니다. 우리의 마음은 한 가지의 지식만을 신뢰할 수밖에 없기 때문에 자기의 생각을 믿는 자는 말씀을 믿지 못합니다.

십자가의 도의 목적은 예수님의 죽음이 아니라 우리 생각의 죽음이 되어야 하나님의 성령이 우리 마음에 부활하신다는 것입니다. 우리 생각이 우리 마음에 있는 것은 하나님을 거부하는 결과를 만드는 것입니다.

16

의로운 사람은 없다

의로운 사람은 없다

"무릇 표면적 유대인이 유대인이 아니요 표면적 육신의 할례가 할례가 아니니라 오직 이면적 유대인이 유대인이며 할례는 마음에 할지니 영에 있고 율법 조문에 있지 아니한 것이라 그 칭찬이 사람에게서가 아니요 다만 하나님에게서니라 (롬 2:28-29)"

'표면적 유대인'이라고 한 것은 유대인들이 사람의 생각으로 하나님을 믿는다는 뜻입니다. 사람의 생각은 육체만을 보기 때문에 생각으로 하나님을 믿게 되면 육체에 유익을 구하는 것이지 진정으로 하나님을 믿는 것이 아닙니다. 유대인은 하나님을 믿는 백성인데 육신을 섬기는 사람의 생각으로 하나님을 믿기 때문에 그 믿음은 진실한 믿음이 아니라는 것입니다.

또한 하나님이 할례 받으라고 하신 것은 육신에 행하라는 뜻이 아니라 생각을 없애라는 뜻인데, 사람의 생각이 육신을 섬기기 때문에 육신에 할례를 받고 있다고 질책하십니다. 하나님의 말씀은 육신이 아니라 영 또는 생각을 이야기하는 것입니다. '이면적 유대인'이라는 것은 하나님을 믿게 하는 하나님의 영 또는 말씀이 마음에 임한 자를 가리킵니다. 그러므로 할례는 하나님의 영이 마음에 임한 것을 의미합니다.

율법 조문은 사람의 생각을 이야기하는 것으로, 율법 조문이 없어지고 마음에서 불신되어 질 때 하나님의 영이 임하는 것입니다.

그리고 '칭찬이 사람에게서가 아니라'는 것은 사람의 생각이 아닌 하나님의 말씀으로 옳다는 것을 인정받고, 칭찬받아야 한다는 것입니다. 사람의 생각이 있을 때는 사람의 생각이 옳다고 여기며 하나님이 틀렸다고 여깁니다. 그러나 하나님의 말씀을 받아들여 말씀이 옳다는 것을 알게 되면 하나님께서 칭찬하신다는 겁니다.

"우리가 알거니와 무릇 율법이 말하는 바는 율법 아래에 있는 자들에게 말하는 것이니 이는 모든 입을 막고 온 세상으로 하나님의 심판 아래에 있게 하려 함이라 그러므로 율법의 행위로 그의 앞에 의롭다 하심을 얻을 육체가 없나니 율법으로는 죄를 깨달음이니라 이제는 율법 외에 하나님의 한 의가 나타났으니 율법과 선지자들에게 증거를 받은 것이라 곧 예수 그리스도를 믿음으로 말미암아 모든 믿는 자에게 미치는 하나님의 의니 차별이 없느니라 모든 사람이 죄를 범하였으매 하나님의 영광에 이르지 못하더니 그리스도 예수 안에 있는 속량으로 말미암아 하나님의 은혜로 값없이 의롭다 하심을 얻은 자 되었느니라 (롬 3:19-24)"

　우리는 율법을 지켜야 한다고 알고 있습니다. 율법을 지키는 자들은 자기들이 율법을 지키는 능력이 있다고 생각합니다. 율법이라는 것은 하나님의 법이며 생각, 말씀, 뜻입니다. 곧 하나님의 성품이라는 것입니다. 하나님은 선하시고 우리 사람들은 악한데, 악한 생각으로는 선한 생각을 받을 수가 없습니다. '육신의 생각은 하나님과 원수가 된다'라고 기록된 말씀에 있듯이 이 원수된 생각을 가지고 하나님의 율법을 좋아한다는 것이니 지킬 수가 없는 것이지요.

　율법의 행위란 사람의 생각으로 하나님의 말씀을 지켜서 하나님 앞에 의롭다 하심을 받으려고 하는 것입니다. 그러나 율법이 없을 때에는 사람의 생각이 죄라는 것을 알 길이 없습니다. 그렇기 때문에 율법의 행위로 의롭다함을 받을 육체가 없는 것이지요.

　사람의 생각을 하나님 말씀에 비춰봤을 때 하나님의 말씀은 사람의 생각을 죄라고 말씀하십니다. 율법은 죄를 깨달으라고 주신 것이지 죄를 가지고 율법을 지키라고 주신 것이 아닙니다. 우리 생각이 죄임을 깨달을 때, 우리 생각으로 하나님을 섬기는 것이 아니라 하나님의 말씀을 받아서 하나님을 섬기게 되면 온전한 믿음이라고 이야기하는 것입니다. 말씀으로 믿음을 이루면 모든 믿는 자는 하나님에게서 온 믿음이니 차별이 없다고 기록하고 있습니다.

우리가 하나님을 온전히 믿을 수 없는 이유는 우리 마음에 죄가 있기 때문입니다. 죄, 즉 생각이 우리 마음에서 우리를 보호해 주는 하나님 역할을 하면서 우리를 속이고 있었던 것입니다. 우리 생각이 옳아 보이고 하나님의 말씀이 틀려 보였던 것입니다.

'예수 안에 있는 속량으로 말미암아 하나님의 은혜로 값없이 의롭다 하심을 얻은 자 되었느니라' 우리가 아무 일도 하지 않고 의롭다함을 얻은 이유는 말씀이 의롭기 때문입니다. 의로운 말씀이 우리 마음에 있는 그 자체를 하나님은 의롭다고 하신 것입니다. 사람의 생각이 악하기 때문에 말씀이 없는 사람은 악인이라고 성경은 기록하고 있습니다.

17

영의 개념

영의 개념

 "그런데 바리새인 중에 니고데모라 하는 사람이 있으니 유대인의 지도자라 그가 밤에 예수께 와서 이르되 랍비여 우리가 당신은 하나님께로부터 오신 선생인 줄 아나이다 하나님이 함께 하시지 아니하시면 당신이 행하시는 이 표적을 아무도 할 수 없음이니이다 예수께서 대답하여 이르시되 진실로 진실로 네게 이르노니 사람이 거듭나지 아니하면 하나님의 나라를 볼 수 없느니라 니고데모가 이르되 사람이 늙으면 어떻게 날 수 있사옵나이까 두 번째 모태에 들어갔다가 날 수 있사옵나이까 예수께서 대답하시되 진실로 진실로 네게 이르노니 사람이 물과 성령으로 나지 아니하면 하나님의 나라에 들어갈 수 없느니라 육으로 난 것은 육이요 영으로 난 것은 영이니 내가 네게 거듭나야 하겠다 하는 말을 놀랍게 여기지 말라 바람이 임의로 불매 네가 그 소리는 들어도 어디서 와서 어디로 가는지 알지 못하나니 성령으로 난 사람도 다 그러하니라 니고데모가 대답하여 이르되 어찌 그러한 일이 있을 수 있나이까 예수께서 그에게 대답하여 이르시되 너는 이스라엘의 선생으로서 이러한 것들을 알지 못하느냐 진실로 진실로 네게 이르노니 우리는 아는 것을 말하고 본 것을 증언하노라 그러나 너희가 우리의 증언을 받지 아니하는도다 내가 땅의 일을 말하여도 너희가 믿지 아니하거든 하물며 하늘의 일을 말하면 어떻게 믿겠느냐 하늘에서 내려온 자 곧 인자 외에는 하늘에 올라간 자가 없느니라 모세가 광야에서 뱀을 든 것 같이 인자도 들려야 하리니 이는 그를 믿는 자마다 영생을 얻게 하려 하심이니라 (요 3:1-15)"

요한복음 3장에 나오는 니고데모는 유대인의 지도자, 즉 이스라엘 사람들의 선생입니다. 그는 이스라엘 사람들에게 하나님을 가르치는 사람, 이스라엘의 영적 지도자라는 것이지요. 이 니고데모에게는 부족한 것이 있었던 것입니다. 예수님의 소문을 듣게 되었지요.

예수님의 소문이 들리기 전에는 유대인의 지도자이고 이스라엘의 선생으로서 부족함을 느낄 수 없었습니다. 그런데 예수께서 병자를 고치시고, 죽은 자를 살리고, 소경을 보게 하고, 바다와 바람을 꾸짖고, 물위를 걸으신다고 합니다. 그뿐 아니라 물고기 2마리와 보리떡 5개로 4천명을 먹이고 12바구니를 남기는 엄청난 초능력을 발휘한다는 소문을 듣게 됩니다. 그런 예수님과 자기를 비교하니 자신이 부족하게 느껴졌던 것입니다. 그래서 밤에 예수님을 찾아왔던 것입니다.

니고데모가 예수님이 하나님께로부터 오신 선생인줄 알게 된 것은 예수님께서 행하신 표적을 보았기 때문입니다. 니고데모 자신의 생각과 계산법으로 예수님을 하나님으로부터 오신 분으로 인정한 것입니다. 그런데 예수님께서는 니고데모에게 너는 내 표적을 보고 나를 인정하지만, 하나님 나라에 들어가려면 새롭게 태어나야 한다고 말씀하십니다. 니고데모는 예수님의 말씀을 알아듣지 못하고 사람이 늙었는데 어떻게 두 번 날 수 있느냐, 엄마의 뱃속에 다시 들어갔다 나오는 것이 두 번 태어나는 것이냐고 묻습니다. 그러자 예수님은 모태가 아니라 물과 성령으로 다시 나지 않으면 하나님 나라에 들어갈 수 없다고 말씀하십니다.

우리가 이 말씀을 따라가 보면 지금의 모든 종교는 말씀을 위배하고 있는 것입니다. 오늘날 교회에서는, 예수님의 죽음과 흘리신 피로 죄가 사해져서 천국에 갈 수 있다고 합니다. 또 교회에 나가야 원죄가 사해지고, 자범죄를 회개하면 천국에 간다고 합니다. 그러나 예수님께서는 오직 물과 성령으로 난 사람만이 천국에 들어간다고 말씀하십니다.

'육으로 난 것은 육이요, 영으로 난 것은 영이니' 육으로 난 것이 무엇이겠습니까? 육체만을 위하는 생각이지요. 성경은 육체를 위하는 생각을 육이라고 이야기하는 것입니다. 즉 사람의 생각이라는 것입니다. 사람의 생각은 육체만을 위하고 육체를 위해서 살고 육체의 평안을 도모합니다. 이렇게 육체에 관계된 것만 추구하는 것이 성경에서 말하는 육의 세계라는 것입니다.

사람의 생각 또는 육신의 생각으로 하나님을 믿으면, 하나님에게 오로지 내 육체를 위하여 하나님 은혜를 베풀어 주시기를 바라게 됩니다. 이 세상에 사는 날까지 돈을 많이 벌게 해주시고, 오래 살게 해주시고, 내 자식의 육체를 위하여 하나님께서 많은 복을 주시기를 부탁드립니다. 하나님이 천국에 오라고 하셔도 이 세상에서 버티고 버티다 육체가 늙어서 더 이상 못 버티게 되면 가고 싶은 세계, 결국은 가기 싫은 세계가 하나님이 계시는 천국이라는 것입니다.

천국은 사람의 생각이 가장 싫어하는 세계지요. 육으로는 영의 세계를 알 수도 없지만 알고 싶은 마음도 없는 것입니다. 육의 세계는 육체 외에 더 이상은 볼 수가 없는 세계입니다. 즉 육의 세계는 사람의 생각만의 세계인 것입니다.

'영으로 난 것은 영이니' 영의 세계는 하나님의 세계입니다. 사람은 육체와 혼까지만 사람이고 혼은 영을 받아야 무엇을 느낄 수가 있는 것입니다. 육체를 위하는 영을 받으면 육체가 보이고, 육체의 유익이 선이 되고 육체에 손해되는 것은 악이 되는 것입니다.

그런데 하나님의 성령을 받게 되면 오직 하나님만 보이고 자기라는 세계는 없어지며 천국에 들어가기를 원하게 됩니다. 이제까지 가지고 있던 사람의 생각이 마귀의 생각으로 느껴지며 더 이상 믿어지지 않는 놀라운 믿음의 역사가 일어나게 됩니다. 거듭난다는 것은 두 번 태어난다는 것입니다. 그러므로 우리는 처음에 육신을 위하는 생각을 가지고 태어났지만 성령으로 다시 태어나야 한다는 것입니다.

"하나님께 감사하리로다 너희가 본래 죄의 종이더니 너희에게 전하여 준 바 교훈의 본을 마음으로 순종하여 (롬 6:17)"

우리는 본래 죄의 종이었습니다. 그러나 전하여 준 바 성경의 교훈을 마음으로 받아들여 거듭나게 되었다는 것입니다.

"이는 물과 피로 임하신 이시니 곧 예수 그리스도시라 물로만 아니요 물과 피로 임하셨고 증언하는 이는 성령이시니 성령은 진리니라 (요1 5:6)"

성령은 진리라는 것입니다. 진리라는 것은 "그들을 진리로 거룩하게 하옵소서 아버지의 말씀은 진리니이다 (요 17:17)" 즉 성령은 하나님의 말씀이라는 것입니다.

"살리는 것은 영이니 육은 무익하니라 내가 너희에게 이른 말은 영이요 생명이라 (요 6:63)"

'내가 너희에게 이른 말은 영이요 생명이라' 하나님의 말씀이 성령이고 진리이며 생명이라고 성경은 기록하고 있습니다. 사람이 하나님의 말씀을 믿지 못하는 이유는 사람의 생각이 있기 때문인 것입니다. 사람의 생각은 육체만을 위해서 살라고 가르칩니다. 육체를 위해서 살고, 육체의 호흡이 생명이며 육체가 곧 신이라고 가르친다는 것이지요. 그렇기 때문에 육체가 아닌 영의 세계를 이야기하는 하나님의 말씀을 참이라고 느끼지 못하는 것입니다.

성경에서는 육은 무익하며 영은 생명이라고 말씀하고 계십니다.

'살리는 것은 영이니 육은 무익하니라' 하나님께서는 성경의 기록, 즉 하나님의 말씀이 우리를 살리신다고 하십니다. 한편 육체를 위하는 생각, 즉 사람의 생각을 묵인하면 결국 사람에게 손해가 된다는 것입니다.

사람의 생각만을 따라 살게 되면 우리는 어디에 있을까요? 교도소에 있지 않겠습니까? 이 세상에서는 모든 사람들이 자기들은 선하다고 느끼고 있습니다. 그런데 이 세상에 법이 없다면 사람들이 살아가는 모습은 어떤 모습일까요? 법을 집행하는 판사와 검사, 경찰이 없다면 은행이 존재할까요? 그리고 약한 여자와 어린이들 힘없는 사람들은 어떻게 살겠습니까? 사람이 선한 것이 아니라 법이 사람을 선하게 만들고 있는 것입니다. 그래서 간혹 법을 무시하고 사람의 생각을 행동으로 옮긴 사람들은 교도소에 가게 되는 것입니다.

바람이 임의로 불 때 그 바람 소리는 들을 수 있어도 어디서 불어와 어디로 가는지는 알지 못하는 것처럼, 성령으로 난 사람들은 성령을 받지 못한 사람들을 이해할 수도 인정할 수도 없는 삶을 살아가는 것입니다. 그래서 니고데모는 예수님께 어떻게 그런 일이 있을 수 있느냐고 묻습니다. 예수님의 말씀을 도저히 믿을 수가 없다는 것입니다. 니고데모는 예수님의 말씀을 들으러 온 것이 아니라 자기의 생각을 확인하러 온 것입니다.

아니면 예수님이 표적을 행하는 것을 배우러 왔던 것이 아닐까요? 그래서 자기 생각 속에는 없고 예수님의 말씀 속에 있는 영의 세계를 믿을 수가 없었던 것입니다. 예수님께서는 니고데모에게 너희가 땅의 일을 말하여도 믿지 않으면서 하물며 하늘의 일을 말하면 믿겠느냐고 질문하십니다. 모든 사람은 자기의 생각으로 보고, 듣기 때문에 자기 생각 안에 없는 것은 들으려 하지도 않고, 믿으려 하지도 않는다는 것입니다. 우리가 사람의 생각에 갇혀 있어 하나님을 믿지 못한다고 말씀하십니다. 그러면 우리는 어떻게 하나님을 믿을 수가 있는 것일까요?

사람의 생각이 들을 수 있는 것은 한계가 있습니다. 자기가 옳다고 주장하는 자기의 소리나 자기를 칭찬하는 소리, 잘난 점을 드러내 자기를 높여주는 소리 외에는 들을 수가 없는 것입니다. 그렇기 때문에 하나님의 말씀은 사람의 생각을 죄이며 악이기 때문에 다 죽어야 된다고 하십니다. 사람의 생각은 마귀의 자식이며 만물보다 더 부패한 것이기 때문에 용서받지 못한다는 것이지요. 우리가 우리 생각을 가지고 하나님의 말씀을 듣게 되면 어떻게 될까요?

"내가 누구에게 말하며 누구에게 경책하여 듣게 할꼬 보라 그 귀가 할례를 받지 못하였으므로 듣지 못하는도다 보라 여호와의 말씀을 그들이 자신들에게 욕으로 여기고 이를 즐겨 하지 아니하니 (렘 6:10)"

하나님의 말씀을 사람의 생각으로 들으면 욕으로 들린다는 것입니다. 우리 사람은 하나님의 말씀을 담기 위하여 육체와 혼으로 지어졌습니다. 하나님의 말씀이 우리 마음에 있을 때에는 육신을 위하는 생각이 죄로 보이지만, 육신의 생각이 우리 마음에 있으면 하나님의 말씀이 욕으로 들리는 것입니다. 성경에서는 사람의 생각과 하나님의 말씀이 원수가 된다고 기록하고 있습니다.

우리 마음이 말씀을 믿게 되면 사도 바울처럼 '내 속에 거하는 것은 내가 아니요 죄니라'라고 느끼게 됩니다. 그러나 사람의 생각을 믿게 되면 내 생각이 하나님의 말씀보다 더 옳다고 느끼게 됩니다.

우리가 말씀을 듣고 살게 되면 이 세상이 저주 받은 세상으로 보이고 사람의 생각이 죄로 보입니다. 또 이 세상 모든 사람들의 삶은 잘못된 삶이며 헛된 삶이라고 느끼게 되는 것입니다. 우리의 생명은 육신의 호흡에 의해 유지되는 것이 아니라, 하나님의 말씀에 의해 생명을 얻는 것입니다. 말씀이 우리에게 임하면 우리에게 영원한 생명이 있다는 것을 알게 됩니다. 말씀을 믿는 것, 즉 마음에 말씀이 있게 되면 영생을 얻게 됩니다.

18

하나님을 믿는 믿음

하나님을 믿는 믿음

"예수께서 대답하여 이르시되 내가 진실로 진실로 너희에게 이르노니 너희가 나를 찾는 것은 표적을 본 까닭이 아니요 떡을 먹고 배부른 까닭이로다 썩을 양식을 위하여 일하지 말고 영생하도록 있는 양식을 위하여 하라 이 양식은 인자가 너희에게 주리니 인자는 아버지 하나님께서 인치신 자니라 그들이 묻되 우리가 어떻게 하여야 하나님의 일을 하오리이까 예수께서 대답하여 이르시되 하나님께서 보내신 이를 믿는 것이 하나님의 일이니라 하시니 (요 6:26–29)"

예수님께서는 사람들이 예수님을 믿는 까닭이 표적을 보았기 때문이 아니라, 떡을 먹고 배부른 까닭이라고 말씀하십니다. 물 위를 걸으시고, 앉은뱅이를 걷게 하시고, 소경을 보게 하시고, 죽은 사람을 살리신 표적을 보면 예수님이 사람과 다르다는 것을 알 수 있습니다. 그럼에도 불구하고 사람들은 단지 배를 채우기 위해서 예수님을 찾는다는 것입니다. 육체의 부족한 부분만을 채우려 하는 것이지요. 사람의 생각이 육체만을 위하니까 예수님에게 사람의 생각에 맞추어 주기를 바랐던 것입니다.

'썩을 양식'이라는 것은 사람의 생각이 썩어 없어질 육체를 위하는 것이기 때문에 그 육체에 필요한 것은 썩을 양식이라는 것이지요. 더 이상 썩을 양식을 찾지 말고 영원한 생명을 구할 수 있는 양식을 위하여 일을 하라는 것입니다. 영생이 무엇인지에 대해서는 다음 성경말씀에서 말해 줍니다.

"나는 그의 명령이 영생인 줄 아노라 그러므로 내가 이르는 것은 내 아버지께서 내게 말씀하신 그대로니라 하시니라 (요 12:50)"

'나는 그의 명령이 영생인줄 아노라' 하나님의 명령 말씀이 영원한 생명이라는 것입니다. 하나님의 말씀을 위하여 일을 하라는 것입니다. 유대인들이 어떻게 하는 것이 하나님의 일입니까? 하고 묻자, 예수님께서는 하나님께서 보내신 이를 믿는 것이 하나님의 일이라고 말씀하셨습니다. 하나님을 믿는 것은 무엇입니까? 많은 사람들은 하나님을 믿는 것이 헌금하고, 기도하고, 찬송하고, 전도하고, 봉사하는 것이라고 생각합니다. 사람의 생각으로 그렇게 하는 것이 하나님을 믿는 것이라고 오해를 하고 있는 것입니다.

"너희는 너희가 하나님의 성전인 것과 하나님의 성령이 너희 안에 계시는 것을 알지 못하느냐 (고전 3:16)"

사람은 성전인 것입니다. 하나님은 성령을 우리의 마음에 두기 위해서 우리 마음에는 아무런 능력을 주지 않으셨습니다.

"그러나 깨닫는 마음과 보는 눈과 듣는 귀는 오늘 여호와께서 너희에게 주지 아니하셨느니라 (신 29:4)"

하나님은 우리를 창조하실 때 우리에게 들을 수 있는 능력과 볼 수 있는 능력, 느낄 수 있는 능력, 그 어떤 것도 주시지 않았다는 것입니다. 하나님의 말씀인 성령을 담기 위하여 무능력하게 창조하셨던 것입니다. 우리가 안다고 하는 것, 느낀다는 것, 본다는 것은 잘못되었다는 것입니다.

"예수께서 이르시되 너희가 맹인이 되었더라면 죄가 없으려니와 본다고 하니 너희 죄가 그대로 있느니라 (요 9:41)"

영적인 의미로 보지 못하는 사람은 보지 못하기 때문에 생각이 없다는 것입니다. 반면 본다는 것은 생각이 있다는 것인데, 생각이 있다는 것은 죄가 그대로 있다는 것입니다. 생각이 죄라는 것이지요.

"예수께서 외쳐 이르시되 나를 믿는 자는 나를 믿는 것이 아니요 나를 보내신 이를 믿는 것이며 나를 보는 자는 나를 보내신 이를 보는 것이니라 (요 12:44-45)"

우리는 성경 말씀을 하나님을 믿기 위하여 듣고 있다는 것입니다. 하나님을 믿기 위해서 성경 말씀을 듣는 것이기 때문에 성경이 '주'가 아니라는 것입니다. 예수님의 말씀을 그대로 듣게 되면 우리는 하나님도 믿지 않고 예수님도 믿지 않고 성경도 믿지 않는 것입니다. 오직 마귀가 준 육신을 위하는 자기의 생각을 믿을 뿐입니다.

예수께서는 예수님을 믿는 것이 하나님을 믿는 것이고, 예수님을 보는 것이 하나님을 보는 것이라고 말씀하십니다. 하나님을 믿기 위하여 예수님을 듣는 것이 아니고 예수님을 믿기 위하여 성경을 듣는 것이 아니라는 것입니다. 지금 우리가 성경을 보는 것이 예수님을 보는 것이고, 성경을 믿는 것이 하나님을 믿는 것입니다. 그런데 우리는 성경을 넘어서 사람의 생각을 믿고 있는 것입니다.

"나를 저버리고 내 말을 받지 아니하는 자를 심판할 이가 있으니 곧 내가 한 그 말이 마지막 날에 그를 심판하리라 (요 12:48)"

예수께서는 마지막 날에 심판하시는 분은 하나님도 아니고 예수님도 아니라고 하십니다. 예수님이 하신 말씀이 심판의 주 하나님이라는 것입니다. 사람의 생각과 성경의 기록은 너무나 다르기 때문에 사람의 생각으로는 이 말씀을 듣지도, 이해하지도, 믿지도 못 합니다.

우리가 첫 번째 알아야 될 것은 사람의 생각은 마귀의 생각이고 육신을 섬기기 때문에, 이 생각이 우리 마음에 있으면 생각과 다른 것은 받아들이지 않습니다. 하나님의 말씀을 듣기 원하는 사람은 생각부터 불신시켜야 하나님의 말씀이 들릴 것입니다.

"지혜가 길거리에서 부르며 광장에서 소리를 높이며 시끄러운 길목에서 소리를 지르며 성문 어귀와 성중에서 그 소리를 발하여 이르되 너희 어리석은 자들은 어리석음을 좋아하며 거만한 자들은 거만을 기뻐하며 미련한 자들은 지식을 미워하니 어느 때까지 하겠느냐 나의 책망을 듣고 돌이키라 보라 내가 나의 영을 너희에게 부어 주며 내 말을 너희에게 보이리라 내가 불렀으나 너희가 듣기 싫어하였고 내가 손을 폈으나 돌아보는 자가 없었고 도리어 나의 모든 교훈을 멸시하며 나의 책망을 받지 아니하였은즉 너희가 재앙을 만날 때에 내가 웃을 것이며 너희에게 두려움이 임할 때에 내가 비웃으리라 너희의 두려움이 광풍 같이 임하겠고 너희의 재앙이 폭풍 같이 이르겠고 너희에게 근심과 슬픔이 임하리니 그때에 너희가 나를 부르리라 그래도 내가 대답하지 아니하겠고 부지런히 나를 찾으리라 그래도 나를 만나지 못하리니 대저 너희가 지식을 미워하며 여호와 경외하기를 즐거워하지 아니하며 나의 교훈을 받지 아니하고 나의 모든 책망을 업신여겼음이니라 그러므로 자기 행위의 열매를 먹으며 자기 꾀에 배부르리라 어리석은 자의 퇴보는 자기를 죽이며 미련한 자의 안일은 자기를 멸망시키려니와 오직 내 말을 듣는 자는 평안히 살며 재앙의 두려움이 없이 안전하리라 (잠언 1:20-33)"

지혜 하나님이 사람을 구원하기 위하여 길거리와 광장, 시끄러운 길목, 성중에서 소리를 높여 부른다는 것입니다. 사람의 생각은 어리석은 생각을 좋아하고, 거만한 것을 즐기며 하나님의 말씀을 미워하고 있습니다. 그러나 그것은 어느 때까지 지속될지 모르지만, 영원히 살 수는 없다는 것입니다. 그러므로 하나님의 책망을 듣고 돌이키라고 우리에게 말씀하십니다. 책망이라는 것은 사람의 생각이 틀렸다고 지적하고 훈계하시는 것입니다. 하나님의 말씀을 듣고 생각을 보는 데에서 돌이켜 말씀을 보게 되면 우리에게 하나님의 영을 부어주며 하나님의 말씀을 보이시겠다고 약속하십니다.

사람의 생각은 하나님의 생각을 싫어한다는 것입니다. 하나님이 우리를 부르셨지만 사람은 듣기 싫어하였고, 하나님이 도와주신다고 했지만 돌아보는 자가 없었다고 말씀하십니다. 오히려 하나님의 말씀을 무시하고 하나님의 책망을 듣지 아니 하였다고 합니다. 하나님의 말씀보다 사람의 생각이 더 유익하다고 여기기 때문입니다. 하나님의 말씀을 듣지 않으면 우리에게는 재앙이 올 것입니다.

"땅이여 들으라 내가 이 백성에게 재앙을 내리리니 이것이 그들의 생각의 결과라 그들이 내 말을 듣지 아니하며 내 율법을 거절하였음이니라 (렘 6:19)"

우리 생각은 재앙을 불러 오는 것이 아니라 재앙 그 자체라는 것입니다. 하나님은 우리에게 재앙을 경고하셨고, 우리에게는 근심과 슬픔이 들어온다는 것입니다. 그때서야 하나님을 부른다는 것입니다. 그러나 하나님은 대답하지 않고, 만나 주지도 않으신다고 기록하고 있습니다.

재앙을 만났을 때 대답해 주고, 만나 주고, 재앙을 해결해 주면 또다시 하나님을 무시하고 떠난다는 것입니다. 사람의 생각은 하나님을 싫어하기 때문에 하나님이 재앙을 해결해 주셔도 결국은 사람의 생각을 따라 산다는 것입니다. 우리의 생각이 하나님을 미워하고 경외하기를 즐거워하지 않고 교훈을 받지 않고 책망을 업신여긴다는 것입니다.

'자기 생각의 열매를 먹고 자기 꾀에 배부르다'는 것은 자기 꾀에 만족한다는 것입니다. 우리 사람의 생각은 결과적으로 자기를 죽이며 자기를 멸망시킬 것이라는 겁니다. 그러나 하나님의 말씀을 듣는 사람은 평안히 살며 재앙의 두려움이 없이 안전할 것이라고 말씀하십니다.

19

하나님의 사랑과 사람의 불신

하나님의 사랑과 사람의 불신

"사실은 내가 너희 조상들을 애굽 땅에서 인도하여 낸 날에 번제나 희생에 대하여 말하지 아니하며 명령하지 아니하고 오직 내가 이것을 그들에게 명령하여 이르기를 너희는 내 목소리를 들으라 그리하면 나는 너희 하나님이 되겠고 너희는 내 백성이 되리라 너희는 내가 명령한 모든 길로 걸어가라 그리하면 복을 받으리라 하였으나 그들이 순종하지 아니하며 귀를 기울이지도 아니하고 자신들의 악한 마음의 꾀와 완악한 대로 행하여 그 등을 내게로 돌리고 그 얼굴을 향하지 아니하였으며 너희 조상들이 애굽 땅에서 나온 날부터 오늘까지 내가 내 종 선지자들을 너희에게 보내되 끊임없이 보내었으나 너희가 나에게 순종하지 아니하며 귀를 기울이지 아니하고 목을 굳게 하여 너희 조상들보다 악을 더 행하였느니라 네가 그들에게 이 모든 말을 할지라도 그들이 너에게 순종하지 아니할 것이요 네가 그들을 불러도 그들이 네게 대답하지 아니하리니 너는 그들에게 말하기를 너희는 너희 하나님 여호와의 목소리를 순종하지 아니하며 교훈을 받지 아니하는 민족이라 진실이 없어져 너희 입에서 끊어졌다 할지니라 (렘 7:22-28)"

하나님은 우리에게 행위의 열매인 헌금, 찬송, 전도, 봉사, 기도에 대해서 말하지 않으셨으며 명령하지도 아니하셨다는 것입니다.

'너희는 내 목소리를 들으라 그리하면 나는 너희 하나님이 되겠고' 하나님이 우리에게 바라는 것은 단지 당신의 목소리를 들으라는 것뿐입니다. 그러면 우리 하나님께서는 우리를 보호해 주시고 우리의 원함을 들어 주시고 우리를 사랑해 주신다고 말씀하십니다.

'너희는 내 백성이 되리라' 하나님의 백성은 하나님의 말씀만 듣고 사는 사람이 된다는 것입니다. 하나님을 위해서 무엇을 하는 사람이 아니라 아무것도 하지 않고 오직 말씀만 들으면 하나님의 역사가 일어난다는 것입니다. 말씀을 따라 말씀의 길을 가게 되면 우리에게 복이 허락되어 있다는 것입니다.

"성읍에서도 복을 받고 들에서도 복을 받을 것이며 네 몸의 자녀와 네 토지의 소산과 네 짐승의 새끼와 소와 양의 새끼가 복을 받을 것이며 네 광주리와 떡 반죽 그릇이 복을 받을 것이며 네가 들어와도 복을 받고 나가도 복을 받을 것이니라 (신 28:3-6)"

우리가 있는 곳, 온 사방이 복을 받을 것이고, 우리뿐만 아니라 우리에게 속한 떡 반죽 그릇까지도 복을 주신다고 약속하셨습니다. 이렇게 하나님께서는 모든 것을 준비하셨지만 우리는 우리 생각에 속아서 하나님에게 순종하지 아니하고 귀를 기울이지도 아니하였습니다. 악한 마음으로 꾀를 부리고 생각이 나는 대로 행하였습니다. 또한 하나님이 선지자를 끊임없이 보내셨지만 조상들보다 더 악을 행했다는 것입니다. 하나님의 말씀을 받은 이가 어떤 말을 하여도 듣지 않고, 순종하지 않았으며 불러도 대답하지 않았습니다. 그들은 사람의 생각으로 하나님의 목소리를 거역하고, 대적자 마귀를 섬기는 백성이었던 것입니다.

"하늘이여 들으라 땅이여 귀를 기울이라 여호와께서 말씀하시기를 내가 자식을 양육하였거늘 그들이 나를 거역하였도다 소는 그 임자를 알고 나귀는 그 주인의 구유를 알건마는 이스라엘은 알지 못하고 나의 백성은 깨닫지 못하는도다 하셨도다 슬프다 범죄한 나라요 허물진 백성이요 행악의 종자요 행위가 부패한 자식이로다 그들이 여호와를 버리며 이스라엘의 거룩하신 이를 만홀히 여겨 멀리하고 물러갔도다 (사 1:2-4)"

하늘과 땅이여 들으라, 하나님이 사람들을 살도록 하셨지만 사람들이 하나님의 은혜를 알지 못함을 통탄하고 계십니다. '그들이 나를 거역하였도다 소는 임자를 알고 나귀는 주인의 구유를 알건마는' 짐승들조차 주인을 알아보건만 사람들은 하나님을 느끼지 못한다는 것입니다.

사람들은 죄를 섬기기 때문에 선이신 하나님이 보이지 않고 깨달아지지 않는다는 것입니다. 행악의 종자, 악을 행하는 종자라는 것이지요. 행위는 부패할 수밖에 없으며 하나님을 섬기지 못합니다.

하나님을 믿는 믿음은 2개의 믿음이 있습니다. 하나는 사람이 하나님을 믿는 믿음이고 또 하나는 하나님이 주신 믿음입니다. 사람이 믿는 믿음은 사람의 생각이 돈을 신뢰하기 때문에 하나님께 돈을 드리는 것으로, 믿는다고 생각합니다. 또 사람의 생각은 능력이 없어, 무엇을 열심히 해서 얻으려고 하는 지식이기 때문에 무엇이든 열심히 해야만 그것이 믿음인 줄 아는 것입니다. 성경에서는 이에 대해 다음과 같이 말씀하십니다.

"내가 증언하노니 그들이 하나님께 열심이 있으나 올바른 지식을 따른 것이 아니니라 하나님의 의를 모르고 자기 의를 세우려고 힘써 하나님의 의에 복종하지 아니하였느니라 (롬 10:2-3)"

우리가 열심히 하는 것은 잘못된 지식을 따르기 때문에 열심히 한다는 것입니다. 말씀을 따르게 되면 무엇을 해서 얻으려고 하는 것이 아니라 모든 것을 하나님이 해 주실 것이므로 그냥 기다리면서 쉬면 되는 것입니다.

'하나님의 의를 모르고 자기의 의를 세우려고 힘써 하나님의 의에 복종하지 아니하였느니라' 열심히 하는 것은 하나님을 위해서 하는 일이 아니고, 하나님을 멸시하는 것입니다. '우리가 이렇게 하면 하나님은 복을 주실 거야'라고 자기의 뜻을 세우는 것이기 때문에 하나님의 뜻을 멸시한다는 것입니다.

하나님이 믿음을 주신 사람, 다윗은 시편 51편 5절에서 '내가 죄악 중에서 출생하였음이여 어머니가 죄 중에서 나를 잉태하였나이다'라고 말합니다. 다윗이 죄 중에서 태어났고 어머니가 죄로 그를 만들었다면 다윗이 할 수 있는 것은 죄짓는 일밖에 없었습니다. 이것을 알게 된 다윗은 자기의 생각은 믿을 수가 없어, 하나님의 말씀을 들을 수밖에 없었던 것입니다. 이 땅에 다윗 같은 죄인이 있고 다윗과 다른 의인이 있습니다. 우리 사람들은 자기의 생각으로 보면 의인이고, 말씀으로 보면 죄인인 것입니다. 말씀으로 우리 마음에 비춰질 때 사도 바울처럼 우리가 죄인임을 깨닫게 됩니다.

"만일 내가 원하지 아니하는 그것을 하면 이를 행하는 자는 내가 아니요 내 속에 거하는 죄니라 (롬 7:20)"

말씀이 우리 마음에 들려지면 우리의 생각은 죄가 되고, 아무

것도 느끼지 못하는 혼이 우리라는 것을 알게 됩니다. 우리가 죄를 섬기면 육체는 내가 되고, 말씀을 섬기면 우리의 육체는 흙으로 보이는 것입니다. 에덴에서 말씀을 담고 있을 때에는 벌거벗었지만 부끄러워하지 않았습니다. 우리 몸이 흙으로 보였기 때문입니다.

"여호와 하나님이 땅의 흙으로 사람을 지으시고 생기를 그 코에 불어넣으시니 사람이 생령이 되니라 (창 2:7)"

우리가 말씀으로 보면 우리 몸은 흙이라는 것입니다. 그러나 우리 생각으로 보게 되면 벌거벗은 몸으로 보이게 됩니다.

"이르되 내가 동산에서 하나님의 소리를 듣고 내가 벗었으므로 두려워하여 숨었나이다 (창 3:10)"

사람의 생각은 뱀이 넣어준 세상의 영, 불순종의 영, 육신을 하나님으로 섬기는 지식입니다. 하나님께서는 우리가 육체를 자신이라고 여기니까, 우리는 결국 흙으로 돌아갈 존재임을 알려주십니다.

"네가 흙으로 돌아갈 때까지 얼굴에 땀을 흘려야 먹을 것을 먹으리니 네가 그것에서 취함을 입었음이라 너는 흙이니 흙으로 돌아갈 것이니라 하시니라 (창 3:19)"

하나님은 우리를 흙이라고 하십니다. 우리의 육체는 산 것도 아니고 죽은 것도 아니라는 것입니다. 영혼이 담겨져 있으면 산 것이고, 영혼이 떠나면 죽은 것입니다. 육체의 생명이 영혼이라는 것입니다. 또한 이 영이 어떤 영인가에 따라서 성령이면 영원히 살 수 있는 혼이 되고, 악령이라면 지옥의 꺼지지 않는 불못에 갈 수밖에 없는 것이 우리의 인생인 것입니다.

우리는 이 땅에 태어날 때는 악령을 가지고 태어났던 것입니다.

"하나님께 감사하리로다 너희가 본래 죄의 종이더니 너희에게 전하여 준 바 교훈의 본을 마음으로 순종하여 (롬 6:17)"

지금 이 세상에서는 인간의 생각, 죄를 가지고 하나님을 섬기고 있는 것입니다. 죄는 하나님을 멀리하고 육체를 하나님의 자리에 올려놓고 육체를 위하여 살아가는 것입니다. 죄로 하나님을 섬기게 되면 하나님께 육체에 복을 달라고 합니다. 하나님은 육체가 하나님의 자리에 있으므로 흙으로 돌아가라고 말씀하셨는데 사람들은 흙을 위하여 하나님이 힘써 주시기를 바라는 것입니다. 하나님을 믿는 것이 아니라 멸시하는 것입니다.

"너희 소돔의 관원들아 여호와의 말씀을 들을지어다 너희 고모라의 백성아 우리 하나님의 법에 귀를 기울일지어다 여호와께서 말씀하시되 너희의 무수한 제물이 내게 무엇이 유익하뇨 나는 숫양의 번제와 살진 짐승의 기름에 배불렀고 나는 수송아지나 어린 양이나 숫염소의 피를 기뻐하지 아니하노라 너희가 내 앞에 보이러 오니 이것을 누가 너희에게 요구하였느냐 내 마당만 밟을 뿐이니라 헛된 제물을 다시 가져오지 말라 분향은 내가 가증히 여기는 바요 월삭과 안식일과 대회로 모이는 것도 그러하니 성회와 아울러 악을 행하는 것을 내가 견디지 못하겠노라 내 마음이 너희의 월삭과 정한 절기를 싫어하나니 그것이 내게 무거운 짐이라 내가 지기에 곤비하였느니라 너희가 손을 펼 때에 내가 내 눈을 너희에게서 가리고 너희가 많이 기도할지라도 내가 듣지 아니하리니 이는 너희의 손에 피가 가득함이라 너희는 스스로 씻으며 스스로 깨끗하게 하여 내 목전에서 너희 악한 행실을 버리며 악행을 그치고 선행을 배우며 정의를 구하며 학대 받는 자를 도와주며 고아를 위하여 신원하며 과부를 위하여 변호하라 하셨느니라 여호와께서 말씀하시되 오라 우리가 서로 변론하자 너희의 죄가 주홍 같을지라도 눈과 같이 희어질 것이요 진홍 같이 붉을지라도 양털 같이 희게 되리라 너희가 즐겨 순종하면 땅의 아름다운 소산을 먹을 것이요 너희가 거절하여 배반하면 칼에 삼켜지리라 여호와의 입의 말씀이니라 (사 1:10-20)"

세상에서 잘난 사람들아, 성경에서는 우리들이 잘난 것이 아니라 못났기 때문에 여호와의 말씀을 듣고 하나님의 법에 귀를 기울이라고 말씀하십니다. 무수한 재물이 하나님에게 왜 필요하겠습니까? 하나님은 우리의 것을 받지 않으신다는 것입니다. 우리는 하나님을 좋아해서가 아니라 우리의 욕심을 채우기 위하여 하나님을 믿고 있다는 것입니다.

그러므로 헛된 재물, 사람이 좋아하는 생각의 열매를 가지고 오지 말라고 하십니다. 하나님이 요구하시지 않은 제물을 가져오면, 하나님을 만나지 못하고 마당만 밟을 뿐이라는 것입니다.

하나님을 위하여 보이는 것도 하나님은 견디지 못하겠노라 하십니다. 하나님은 사람의 생각에서 나온 모든 것을 싫어하시며, 그 어떤 것도 짐이라고 느끼신다는 겁니다. 우리가 하나님을 원해도 하나님은 우리를 보시지 않는다고 하십니다. 우리가 많이 기도할지라도 하나님이 듣지 않겠다고 하시는 이유는 그 기도가 우리의 생각을 위해서 하는 것이라는 겁니다.

우리의 생각을 버리고 자기의 유익을 구하지 않고, 하나님의 말씀을 배우며 선을 구하는 것이 하나님의 뜻이라는 것입니다. 하나님께서는 제물을 가져오는 것을 싫어하시고 하나님과 이야기를 하자는 것입니다. 우리의 생각이 아무리 많을지라도 말씀을 듣게 되면 양털같이 희게 된다는 것입니다. 또 말씀을 듣게 되면 육신의 생각이 없어집니다. 우리가 말씀에 순종하면 땅에 아름다운 것을 먹을 것이지만 말씀을 거절하여 배반하면 칼에 삼켜지리라고 여호와께서는 말씀하십니다.

20

성경과 마음

성경과 마음

"먼저 알 것은 성경의 모든 예언은 사사로이 풀 것이 아니니 예언은 언제든지 사람의 뜻으로 낸 것이 아니요 오직 성령의 감동하심을 받은 사람들이 하나님께 받아 말한 것임이라 (베후 1:20-21)"

성경의 예언은 사사로이 풀 수 없음을 우리가 먼저 알아야 된다고 말씀하고 있습니다. '사사로이 푼다'는 것은 사람의 생각으로 해석한다는 것이지요. 사람의 생각은 육체의 유익을 원하기 때문에 사람의 생각으로 성경을 해석하면 성경이 육체의 유익을 주는 것처럼 느껴지게 됩니다. 성경을 보면서 하나님 돈을 많이 벌게 해주십시오, 몸을 편하게 해주십시오, 육체를 천국으로 보내주십시오, 내 자식을 잘 되게 해 주십시오 하며 육신의 복을 원하게 된다는 것입니다. 천지 창조하신 하나님을 우리의 육신을 위해서 계시는 분으로 여긴다는 것이지요.

'예언은 언제든지 사람의 뜻으로 낸 것이 아니라'는 말씀은 예언이 사람의 뜻으로 나지 않았기 때문에 사람의 생각으로는 영원히 알 수가 없다는 것입니다. 사람의 생각이 끝나면 성령이 임하는데, 성령의 감동하심을 받은 사람들은 사람의 생각이 없는 사람들이지요.

예언은 그것을 말한 사람들이 자기 의지로 말한 것이 아니라 하나님께 받아서 말한 것입니다. 그래서 성경의 예언을 사람의 생각으로 해석한다면 이미 예언이 아니라 사람의 생각일 뿐입니다.

"또 어려서부터 성경을 알았나니 성경은 능히 너로 하여금 그리스도 예수 안에 있는 믿음으로 말미암아 구원에 이르는 지혜가 있게 하느니라 모든 성경은 하나님의 감동으로 된 것으로 교훈과 책망과 바르게 함과 의로 교육하기에 유익하니 이는 하나님의 사람으로 온전하게 하며 모든 선한 일을 행할 능력을 갖추게 하려 함이라 (디후 3:15-17)"

성경에는 우리를 구원할 수 있는 능력이 있다는 것입니다. 성경에 구원이 있다는 것은 사람의 생각과는 무관하다는 것입니다. 그러나 사람들은 사람의 생각으로 구원을 이루려고 노력하고 있습니다. 성경의 기록과 반대에서 구원을 이루려고 노력하는 것입니다. 성경이 있다는 것은 사람의 생각이 틀렸다는 것인데, 사람들은 성경 말씀을 들으려고 하지 않을 뿐만 아니라 생각으로 하나님을 섬기고 구원을 이루려고 노력한다는 것입니다.

구원이라는 것은 내 생각을 믿고 살다가 하나님의 말씀을 믿게 되는 것입니다. 그런데 사람이 자기 생각을 신뢰하게 되면 하나님의 말씀을 믿지 못하므로 구원에서 멀어지게 됩니다.

"이르되 내가 동산에서 하나님의 소리를 듣고 내가 벗었으므로 두려워하여 숨었나이다 이르시되 누가 너의 벗었음을 네게 알렸느냐 내가 네게 먹지 말라 명한 그 나무 열매를 네가 먹었느냐 아담이 이르되 하나님이 주셔서 나와 함께 있게 하신 여자 그가 그 나무 열매를 내게 주므로 내가 먹었나이다 (창 3:10-12)"

하나님이 사람을 창조할 당시에는 흙으로 육체를 지으시고 그 코에 생기를 불으시고 하나님의 법인 말씀을 우리 마음에 담으셨습니다. 그런데 어느 날 뱀이 찾아와 하나님의 말씀을 불신시키고 말씀과 다른 법, 즉 육체를 보게 하는 법을 아담의 마음속에 넣었던 것입니다. 말씀이 아닌 법을 갖게 된 아담은 하나님의 소리를 듣고 동산나무 뒤에 숨었습니다. 늘 하나님과 함께 하였던 아담이 하나님을 피하는 일이 일어났던 것입니다. 아담은 자기가 왜 하나님을 피하게 됐는지를 알 수가 없어 내가 벗었으므로 두려워 숨었다고 말합니다. 다른 지식에 중독된 것을 스스로 알지 못하고, 육체만 볼 수 있는 사람으로 변했던 것입니다.

하나님은 아담에게 누가 너의 벗었음을 네게 알렸느냐고 물으십니다. 아담은 원래 벗고 있었지 입고 있었던 적이 없었는데 아담이 헛것을 보고 있다고 하나님은 말씀하십니다.

하나님이 먹지 말라 하신 말씀을 어기고 나무 열매를 먹은 것은, 인간에게 하나님의 말씀보다 더 좋은 말이 존재한다는 것입니다. 다른 말이 있다는 것입니다. 지금 이 땅에 있는 사람들도 하나님의 말씀을 믿지 못하는 것은 육체를 보는 사람의 생각이 말씀보다 더 믿음이 가기 때문이지요.

아담은 하나님이 주셔서 나와 함께한 여자, 그가 나무 열매를 주어 내가 먹었나이다 하며 하나님을 원망합니다. 하나님이 여자를 주시지 않았더라면 나무 열매를 먹지 않았을 것이니 굳이 잘못을 따지자면 하나님이 잘못이라는 것입니다. 우리는 잘못조차 느낄 수 없는 사람이 되어 버린 것이지요.

사람들은 자기의 생각만을 신뢰하는 지식을 뱀으로부터 받아들여 자기 생각과 다른 소리는 들을 수가 없게 되었습니다. 우리가 하나님의 말씀을 따르고 있었다면 하나님의 말씀으로 복을 받고, 생명을 받았을 것입니다. 그때는 우리가 에덴에서 벌거벗었지만 부족한 것이 없었을 것입니다. 하나님으로 만족하고 살 수 있었는데 뱀으로 말미암아 잘못된 지식을 받게 되면서 우리는 노동과 죽음을 겪을 수밖에 없게 되었습니다.

"네가 흙으로 돌아갈 때까지 얼굴에 땀을 흘려야 먹을 것을 먹으리니 네가 그것에서 취함을 입었음이라 너는 흙이니 흙으로 돌아갈 것이니라 하시니라 (창 3:19)"

우리는 하나님의 말씀을 버린 대가로 종신토록 노동을 해야 하며, 흙으로부터 왔으니 흙으로 돌아가는 육체의 사망이라는 저주를 받게 된 것입니다. 많은 사람의 평생소원은 육체의 평안과 영원히 사는 것이라고 합니다. 하나님의 말씀을 버렸기 때문에 저주가 왔다면 하나님의 말씀으로 돌아가면 노동과 사망의 저주가 풀릴 것입니다.

21

선과 죄

선과 죄

"네게 있는 믿음을 하나님 앞에서 스스로 가지고 있으라 자기가 옳다 하는 바로 자기를 정죄하지 아니하는 자는 복이 있도다 의심하고 먹는 자는 정죄되었나니 이는 믿음을 따라 하지 아니하였기 때문이라 믿음을 따라 하지 아니하는 것은 다 죄니라 (롬 14:22-23)"

성경에서는 자기를 옳다고 하는 것이 죄라고 하십니다.

"그러므로 믿음은 들음에서 나며 들음은 그리스도의 말씀으로 말미암았느니라 (롬 10:17)"

믿음이라는 것은 듣는 것에서 비롯됩니다. 또 듣는 것은 말씀이 있기 때문입니다. 말씀을 듣는 것이 믿음이고 말씀이 믿음의 원인이라는 것입니다. 즉 말씀이 있는 것이 믿음이지요. 하나님의 말씀이 아닌 것은 죄라는 것입니다.

"그러나 성경이 모든 것을 죄 아래에 가두었으니 이는 예수 그리스도를 믿음으로 말미암는 약속을 믿는 자들에게 주려 함이라 (갈 3:22)"

성경에서는 성경에 기록되지 않은 모든 것은 죄라고 합니다. 예수님은 성령으로 잉태되었으며 이 세상 모든 자의 구원자로 오셨습니다.

"보라 처녀가 잉태하여 아들을 낳을 것이요 그의 이름은 임마누엘이라 하리라 하셨으니 이를 번역한즉 하나님이 우리와 함께 계시다 함이라 (마 1:23)"

처녀가 성령으로 잉태한 예수님은 곧 하나님이라는 것입니다. 예수님이 바로 하나님인 것이지요. 그러므로 예수님은 하나님과 같은 능력을 갖고 계십니다.

"너는 내가 내 아버지께 구하여 지금 열두 군단 더 되는 천사를 보내시게 할 수 없는 줄로 아느냐 내가 만일 그렇게 하면 이런 일이 있으리라 한 성경이 어떻게 이루어지겠느냐 하시더라 (마 26:53-54)"

예수님은 열두 군단도 더 되는 천사를 동원할 수 있는 능력이 있지만, 성경에 예언된 말씀으로 인하여 자기의 모든 능력을 포기하셨던 것입니다. 이 성경의 예언을 이루기 위하여 당신의 창조물인 사람들로부터 온갖 멸시와 천대를 받으시고 나중에는 십자가에서 돌아가셨습니다.

그렇게 하신 이유는 마귀의 올무에 묶여 있는 인생들을 구원하시기 위함이었습니다. 우리가 하나님을 믿는다는 것은 우리 마음에 말씀이 담겨져 있다는 것입니다. 예수님의 믿음이 어떤 것인지에 대해 다음의 성경말씀에서 살펴보겠습니다.

"예수께서 성령의 충만함을 입어 요단 강에서 돌아오사 광야에서 사십 일 동안 성령에게 이끌리시며 마귀에게 시험을 받으시더라 이 모든 날에 아무 것도 잡수시지 아니하시니 날 수가 다하매 주리신지라 마귀가 이르되 네가 만일 하나님의 아들이어든 이 돌들에게 명하여 떡이 되게 하라 예수께서 대답하시되 기록된 바 사람이 떡으로만 살 것이 아니라 하였느니라 마귀가 또 예수를 이끌고 올라가서 순식간에 천하만국을 보이며 이르되 이 모든 권위와 그 영광을 내가 네게 주리라 이것은 내게 넘겨 준 것이므로 내가 원하는 자에게 주노라 그러므로 네가 만일 내게 절하면 다 네 것이 되리라 예수께서 대답하여 이르시되 기록된 바 주 너의 하나님께 경배하고 다만 그를 섬기라 하였느니라 또 이끌고 예루살렘으로 가서 성전 꼭대기에 세우고 이르되 네가 만일 하나님의 아들이어든 여기서 뛰어내리라 기록되었으되 하나님이 너를 위하여 그 사자들을 명하사 너를 지키게 하시리라 하였고 또한 그들이 손으로 너를 받들어 네 발이 돌에 부딪치지 않게 하시리라 하였느니라 예수께서 대답하여 이르시되 주 너의 하나님을 시험하지 말라 하였느니라 마귀가 모든 시험을 다 한 후에 얼마 동안 떠나니라 (눅 4:1-13)"

예수님은 사람과 같은 모습으로 이 땅에 오셨기 때문에, 우리와 똑같이 굶으면 배고픔에 고통스럽고 맞으면 육신에 통증을 느끼십니다. 사십 일간 굶주리신 예수님께 마귀는 돌을 떡이 되게 명령하라고 유혹합니다. 예수님께서 굶주림의 고통을 못 참으시고 자신의 말을 듣게 하려고 했던 것이지요. 그러나 예수님께서는 사람이 떡만으로 사는 것이 아니라고 답하십니다. 예수님의 마음에는 우리와는 다른 말씀이 있었기 때문에 마귀의 소리를 말씀으로 이길 수 있었던 것입니다.

또 마귀는 예수님께 천하만국을 보이며 자기에게 절하면 이 세상 모든 권위와 영광을 주겠다고 합니다. 그러자 예수님께서는 성경에 기록된 '주 너의 하나님께 경배하고 다만 그를 섬기라 하였느니라'는 말씀을 상기시키십니다. 이렇게 예수님은 말씀을 지키게 되면서 마귀의 시험을 이길 수 있었던 것입니다.

믿음이라는 것은 말씀이 있는 것이 진정한 믿음이지만 지금 세상에서는 말씀이 마음에 없기 때문에 사람의 생각이 믿음인 것처럼 느껴지는 것입니다. 마귀가 예루살렘 성전 꼭대기에 예수님을 세우고 하나님의 아들이거든 뛰어내려 보라고 하면서 '하나님이 너를 위하여 사자들에게 명하여 너를 지켜주겠다고 하시지 않았느냐'고 합니다. 이 또한 예수님의 믿음은 말씀이 아닌 것을 듣지 않는 것으로 물리치십니다.

우리는 사람의 생각으로 하나님을 믿으려 하기 때문에 하나님이 믿어지지 않는 것입니다. 사람의 생각이 끝이 나고 말씀이 우리 마음에 임하면 말씀이 하나님을 늘 느끼게 하는 것입니다. 말씀이 하나님이시기 때문이지요. 말씀이 아닌 것을 통해 아는 것이나 느끼는 것, 육체가 보이는 것들은 하나님의 세계가 아닙니다. 또 세상에 살고 싶은 마음, 세상이 좋아 보이는 마음, 자기 생각이 옳다고 느끼는 마음, 이 땅에 영원히 살고 싶은 마음, 이런 마음들은 말씀을 떠난 마귀의 영에게 중독되어 있는 상태인 것입니다.

"그때에 너희는 그 가운데서 행하여 이 세상 풍조를 따르고 공중의 권세 잡은 자를 따랐으니 곧 지금 불순종의 아들들 가운데서 역사하는 영이라 전에는 우리도 다 그 가운데서 우리 육체의 욕심을 따라 지내며 육체와 마음의 원하는 것을 하여 다른 이들과 같이 본질상 진노의 자녀이었더니 (엡 2:2-3)"

하나님께서는 우리에게 불순종의 영이 있기 때문에 이 세상의 풍조나 제도를 사랑하게 된다고 말씀하십니다. '공중에 권세 잡은 자'는 마귀라는 것이지요. '불순종의 영'이라는 것은 마귀의 생각이라는 것입니다. 마귀의 생각을 섬기게 되면 육체를 위하는 생각이 마음에 들어와 육체만을 위해서 살아가게 됩니다.

또 하나님께서는 육체와 마음이 원하는 것을 따르면 진노의 자녀라고 말씀하고 계십니다. 하나님은 사람의 생각이 진노의 대상, 저주의 대상, 심판의 대상이라고 말씀하고 계시지만 미련한 사람들은 사람의 생각으로 보이는 것만 있다고 합니다. 보이지 않는 것은 없다고 하며 하나님 또한 없다고 생각합니다. 사람의 지식이 보이는 것만 신뢰하고 보이지 않는 것에 대하여는 인정하지 않고 불신하는 것입니다.

22

하나님이 주신
사람의 능력

하나님이 주신 사람의 능력

"그러나 깨닫는 마음과 보는 눈과 듣는 귀는 오늘 여호와께서 너희에게 주지 아니하셨느니라 (신 29:4)"

하나님은 흙으로 사람을 지으시고 그 속에 생기 또는 혼, 영을 담는 그릇을 주셨습니다. 여기까지가 사람입니다. 사람은 육체와 마음이 있는데 이 마음이라는 것이 영을 담는 그릇입니다. 사람은 영을 마음에 담을 때 영이 보이고 느껴지고 들리는 것입니다.

사람 스스로의 능력만으로는 무엇을 듣고, 느낄 수가 없습니다. 마음에 담겨진 지식이 없을 때는 보고 있지만 알 수가 없으며 듣고 있지만 들을 수가 없는 것입니다. 성경에는 우리 스스로 무엇을 느끼거나, 듣거나, 볼 수가 없도록 하나님이 창조하셨다는 내용이 기록되어 있습니다.

에덴에 있을 때는 하나님의 영이 우리 마음에 있었기 때문에 모든 것을 하나님이 원하시는 대로 보았습니다. 벌거벗었지만 벗은 모습이 보이지 않았고, 선악을 알게 하는 나무는 죽음의 나무로 보였습니다. 그러나 뱀으로부터 하나님의 영이 아닌 세상 영을 받고부터 사람은 달라졌습니다.

"우리가 세상의 영을 받지 아니하고 오직 하나님으로부터 온 영을 받았으니 이는 우리로 하여금 하나님께서 우리에게 은혜로 주신 것들을 알게 하려 하심이라 (고전 2:12)"

두 부류의 사람이 있습니다. 한 부류는 세상 영이 있는 사람들, 또 한 부류는 하나님의 영이 있는 사람들입니다.

"사람의 일을 사람의 속에 있는 영 외에 누가 알리요 이와 같이 하나님의 일도 하나님의 영 외에는 아무도 알지 못하느니라 (고전 2:11)"

사람의 영은 사람의 일을 한다는 것입니다. 사람의 일을 하는 사람은 하나님의 말씀을 알지 못한다는 것이지요.

"육에 속한 사람은 하나님의 성령의 일들을 받지 아니하나니 이는 그것들이 그에게는 어리석게 보임이요, 또 그는 그것들을 알 수도 없나니 그러한 일은 영적으로 분별되기 때문이라 (고전 2:14)"

사람의 생각은 하나님의 말씀을 받지 않는다는 것입니다. 성경의 기록이 하나님 말씀이라고 하여도 하나님을 보지 못했기 때문에 믿지 못합니다. 하나님의 말씀을 받아들이는 것을 어리석게 볼 뿐 아니라 하나님의 세계를 알 수도 없기 때문에 믿을 수가 없습니다. 하나님은 영으로 말씀하시기 때문에 영이 없는 사람은 하나님을 알 수가 없는 것입니다.

"하나님의 지혜에 있어서는 이 세상이 자기 지혜로 하나님을 알지 못하므로 하나님께서 전도의 미련한 것으로 믿는 자들을 구원하시기를 기뻐하셨도다 (고전 1:21)"

세상의 지혜는 사람의 생각을 말하고 있는 것인데, 사람의 생각으로는 하나님을 알 수가 없다는 것입니다. 사람 스스로는 하나님을 만날 수가 없다는 것이지요. 그래서 하나님께서는 전도의 미련한 것으로 구원하시기를 기뻐하셨다는 것입니다. 전도라는 것은 하나님의 말씀을 전하는 것으로, 세상 사람이 보기에는 미련해 보인다는 것입니다.

하나님도, 예수님도, 성령도 모두가 하나님의 말씀을 기록한 성경 안에서 역사하십니다. 성경을 믿는 것이 하나님을 믿는 것이고, 예수님을 믿는 것이고, 성령을 믿는 것입니다. 성경을 부인하는 것은 모든 것을 부인하는 것입니다.

세상 영으로 보면 예수께서 십자가에 돌아가신 것이 사람의 죄를 없애기 위한 것이라고 교회에서는 전하고 있습니다. 그러나 영적으로 보면 예수님이 이 땅에 오신 것은 사람의 죄를 없애기 위해 오신 것이 아니라 사람들에게 말씀을 주시기 위해서 오셨던 것입니다.

"옛적에 선지자들을 통하여 여러 부분과 여러 모양으로 우리 조상들에게 말씀하신 하나님이 이 모든 날 마지막에는 아들을 통하여 우리에게 말씀하셨으니 이 아들을 만유의 상속자로 세우시고 또 그로 말미암아 모든 세계를 지으셨느니라 이는 하나님의 영광의 광채시요 그 본체의 형상이시라 그의 능력의 말씀으로 만물을 붙드시며 죄를 정결하게 하는 일을 하시고 높은 곳에 계신 지극히 크신 이의 우편에 앉으셨느니라 (히 1:1-3)"

예수님이 오신 이유는 선지자들에게 하나님의 말씀을 주어 사람들에게 들려주면 하나님의 말씀으로 듣는 것이 아니라 같은 사람의 말로 듣기 때문이었습니다. 그래서 모든 날 마지막에 예수님을 통하여 우리에게 말씀을 주시려고 했던 것입니다. 사람이 천국에 간다는 것은 우리가 무엇을 해서 가는 것이 아니라, 말씀을 받으면 그 은혜로 천국을 간다는 것입니다. 말씀에게 능력이 있다는 것이지요. 말씀의 능력은 하나님의 본체이시고 즉 말씀이 하나님이라는 것입니다. 말씀으로 만물을 붙드시며 죄를 정결케 하는 능력이 말씀에 있다는 것입니다.

"우리 주 예수 그리스도의 하나님, 영광의 아버지께서 지혜와 계시의 영을 너희에게 주사 하나님을 알게 하시고 너희 마음의 눈을 밝히사 그의 부르심의 소망이 무엇이며 성도 안에서 그 기업의 영광의 풍성함이 무엇이며 그의 힘의 위력으로 역사하심을 따라 믿는 우리에게 베푸신 능력의 지극히 크심이 어떠한 것을 너희로 알게 하시기를 구하노라 (엡 1:17-19)"

수많은 사람이 하나님을 믿는다고 하지만 그것은 진정으로 믿는 것이 아니라 거짓에 속아서 잘못된 믿음을 가지고 있는 것입니다. 하나님께서 영을 주셔야만 그 영이 하나님을 알게 하고 마음의 눈을 밝히고 부르심의 소망을 알게 합니다. 그래야 하나님의 뜻이 무엇인지 알게 되며 하나님 힘의 위력으로 역사하심을 따라 우리가 그 능력을 알기를 원하신다는 것입니다. 하나님의 영을 받게 되면 우리 마음에 기적이 일어난다는 것입니다.

"너희는 거룩하신 자에게서 기름 부음을 받고 모든 것을 아느니라 (요일 2:20)"

기름이란 성령을 이야기하는 것인데, 성령을 받아야 모든 것을 알게 된다는 것입니다.

"너희는 처음부터 들은 것을 너희 안에 거하게 하라 처음부터 들은 것이 너희 안에 거하면 너희가 아들과 아버지 안에 거하리라 (요일 2:24)"

처음부터 들은 것이 무엇이겠습니까? 창조의 하나님 말씀입니다. 말씀이 우리 안에 있으면 우리가 하나님 안에 있는 것이라고 성경은 말하고 있습니다.

"너희를 미혹하는 자들에 관하여 내가 이것을 너희에게 썼노라 너희는 주께 받은바 기름 부음이 너희 안에 거하나니 아무도 너희를 가르칠 필요가 없고 오직 그의 기름 부음이 모든 것을 너희에게 가르치며 또 참되고 거짓이 없으니 너희를 가르치신 그대로 주 안에 거하라 (요일 2:26-27)"

성경은 미혹하는 자, 즉 하나님을 잘못 가르치는 자들을 깨우치기 위하여 쓰였다는 것입니다.

모든 교회에서는 말씀 위에 교리를 세우고, 목사님을 세우고, 교회를 세우는 등 말씀이 아닌 것을 말씀 위에 세웁니다. 그러나 우리가 하나님의 말씀을 받게 되면 말씀이 우리를 가르치시므로, 다른 누구도 우리를 가르칠 필요가 없다는 것입니다. 하나님이 직접 가르치시므로 가르치는 모든 것이 참되고 거짓이 없으니 가르치는 그대로 주 안에 거하게 되리라는 것입니다.

성경에서는 사람의 생각이 이해할 수 없는 세계를 이야기하고 있습니다.

"이 지혜는 이 세대의 통치자들이 한 사람도 알지 못하였나니 만일 알았더라면 영광의 주를 십자가에 못 박지 아니하였으리라 기록된바 하나님이 자기를 사랑하는 자들을 위하여 예비하신 모든 것은 눈으로 보지 못하고 귀로 듣지 못하고 사람의 마음으로 생각하지도 못하였다 함과 같으니라 오직 하나님이 성령으로 이것을 우리에게 보이셨으니 성령은 모든 것 곧 하나님의 깊은 것까지도 통달하시느니라 (고전 2:8–10)"

"지혜롭다 하는 자들은 부끄러움을 당하며 두려워 떨다가 잡히리라 보라 그들이 여호와의 말을 버렸으니 그들에게 무슨 지혜가 있으랴 (렘 8:9)"

지혜란 곧 하나님의 말씀입니다. 이 하나님의 말씀은 감추어졌던 것인데 우리의 영광을 위하여 만세 전에 미리 정하신 것입니다. 이 세대의 통치자들이란 세상을 지배하는 위대한 사람들, 많이 배운 사람들, 많이 가진 사람들, 잘난 사람들을 가리킵니다. 그럼에도 그들은 이 지혜를 알지 못하여 영광의 주를 십자가에 못 박았다는 것입니다. 사람의 생각으로 말씀을 받은 자를 보면 죽이고 싶은 마음이 일어난다는 것이지요.

예수님이 무엇을 잘못해서 십자가에 못 박히신 것이 아니라 하나님의 말씀을 전했기 때문에 십자가에서 돌아가신 것입니다. 사람의 생각으로 볼 때는 말씀을 전하던 선지자들의 행위가 죽여야 될 만큼 나쁘다고 느꼈기 때문에 죽였던 것입니다.

사람의 생각으로는 하나님이 우리를 얼마나 사랑하는지 알 수 없고, 또 우리를 위하여 예비하신 모든 것이 눈에 보이지 않고, 들리지도 않기 때문입니다. 사람의 생각으로는 하나님의 뜻을 알 수가 없다는 것입니다. 하나님의 마음과 하나님의 뜻을 알 수 있는 것은 오직 영으로, 이것을 우리에게 보여주셔야만 됩니다. 성령으로 보이신다는 것은 사람이 자신의 생각을 버리고 하나님의 영을 받게 될 때, 그때야 하나님이 우리에게 주신 것이 보인다는 것입니다. 우리가 성령을 받게 되면 모든 것, 하나님의 깊은 것까지도 느끼게 된다는 것입니다.

"주께서 너희에게 환난의 떡과 고생의 물을 주시나 네 스승은 다시 숨기지 아니하시리니 네 눈이 네 스승을 볼 것이며 너희가 오른쪽으로 치우치든지 왼쪽으로 치우치든지 네 뒤에서 말소리가 네 귀에 들려 이르기를 이것이 바른 길이니 너희는 이리로 가라 할 것이며 또 너희가 너희 조각한 우상에 입힌 은과 부어 만든 우상에 올린 금을 더럽게 하여 불결한 물건을 던짐 같이 던지며 이르기를 나가라 하리라 (사 30:20-22)"

우리가 하나님의 영을 받게 되면 환난을 당할 수도 있고 고생을 할 수도 있습니다. 그러나 나를 가르치는 힘이 내 안에서 역사한다는 것입니다. 스승을 숨기지 않으실 것이니 우리가 눈을 떠 마음의 스승을 본다는 것입니다. 우리가 잘못된 길을 갈 수 있지만 뒤에서 말씀하시어 바른 길로 이끌어 주시리라는 것입니다. 그 말씀을 듣게 되면 우리가 잘못된 길을 가다가도 하나님께 받은 영으로 그 길을 버릴 수 있다는 것입니다.

사람이 자기 생각을 만든 것처럼 보이지만 사실은 형편에 따라 생각이 만들어지고 만들어진 생각에 사람들이 끌려 다니는 것입니다. 그러므로 하나님의 영을 받게 되면 그 영이 스승이 되어서 잘못된 길과 바른 길을 가르쳐 주고 사람의 생각을 이길 수 있는 능력을 주신다는 것입니다.

"야곱아 너를 창조하신 여호와께서 지금 말씀하시느니라 이스라엘아 너를 지으신 이가 말씀하시느니라 너는 두려워하지 말라 내가 너를 구속하였고 내가 너를 지명하여 불렀나니 너는 내 것이라 네가 물 가운데로 지날 때에 내가 함께 할 것이라 강을 건널 때에 물이 너를 침몰하지 못할 것이며 네가 불 가운데로 지날 때에 타지도 아니할 것이요 불꽃이 너를 사르지도 못하리니 (사 43:1-2)"

하나님의 영을 받으면 하나님께서 그 영을 보호하시기 때문에 영을 받은 사람은 안전합니다. 물 가운데로 지날 때도 그 영이 함께하므로 물에 빠지지 않을 것이고 불 가운데로 지날 때에도 불에 타지 않을 것이라고 하나님은 약속하고 계십니다.

23

하나님을 믿는 방법

하나님을 믿는 방법

"예수께서 외쳐 이르시되 나를 믿는 자는 나를 믿는 것이 아니요 나를 보내신 이를 믿는 것이며 나를 보는 자는 나를 보내신 이를 보는 것이니라 (요 12:44-45)"

예수님께서는 하나님을 믿는 방법을 가르쳐 주십니다. 예수님을 믿는 것은 예수님을 믿는 것이 아니고 하나님을 믿는 것이랍니다.

"그러나 내가 말하노니 이스라엘이 알지 못하였느냐 먼저 모세가 이르되 내가 백성 아닌 자로써 너희를 시기하게 하며 미련한 백성으로써 너희를 노엽게 하리라 하였고 이사야는 매우 담대하여 내가 나를 찾지 아니한 자들에게 찾은 바 되고 내게 묻지 아니한 자들에게 나타났노라 말하였고 이스라엘에 대하여 이르되 순종하지 아니하고 거슬러 말하는 백성에게 내가 종일 내 손을 벌렸노라 하였느니라 (롬 10:19-21)"

모세가 말한 것은 하나님이 말씀하신 것과 같습니다. 모세는 선지자이고 하나님의 말씀을 전하는 사람이기 때문입니다.

하나님은 하나님 백성이 아닌 자를 구원하시어 이스라엘 백성을 노엽게 하시겠다고 하십니다. 하나님의 백성이 아니라는 것은 하나님의 말씀을 듣지 않는 사람이라는 것입니다. 그런데 하나님의 말씀을 듣지 않는 자를 구원시켜 하나님 말씀을 들으려고 하는 이스라엘 백성을 노엽게 하시겠다는 것은 이스라엘은 구원하지 않으신다는 의미입니다. 하나님은 당신을 믿는 자는 구원하지 않으시고, 믿지 않는 자를 구원하신다는 것입니다.

이사야 선지자를 통해서도 '하나님을 찾지 아니 한 자들에게 찾은바 되고 묻지 아니한 자들에게 나타날 것'이라고 하십니다. 사람의 생각으로는 도저히 이해하고 받아들일 수 없는 말씀이 성경에 기록되어 있는 것입니다.

하나님을 믿는 자들에게는 나타나지 않으시고, 오히려 순종하지 아니하고 거슬러 말하는 백성들을 구원하기 위해 기다리신다는 것은 무슨 까닭일까요? 하나님을 믿는다는 것이 모두 진실한 믿음은 아니라는 겁니다. 그것은 이스라엘 백성이 사람의 생각으로 하나님을 믿었기 때문입니다. 또한 믿지 않는 백성이 하나님을 믿는다고 하는 것도 진정한 믿음은 아니지요. 하나님은 이들에게도 구원을 약속하셨습니다. 이에 대해서는 다음의 성경에서 그 이유를 말씀하고 계십니다.

"그런즉 우리가 무슨 말을 하리요 의를 따르지 아니한 이방인들이 의를 얻었으니 곧 믿음에서 난 의요 의의 법을 따라간 이스라엘은 율법에 이르지 못하였으니 어찌 그러하냐 이는 그들이 믿음을 의지하지 않고 행위를 의지함이라 부딪칠 돌에 부딪쳤느니라 (롬 9:30-32)"

하나님을 믿지 않는 이방인들은 믿음에서 난 의를 얻었기 때문에 하나님에게 구원을 받았다는 것입니다. 그러나 의의 법을 따라간 이스라엘 백성들은 율법에 이르지 못하였으니 하나님에게 구원을 받지 못했다고 말씀하고 계십니다. 이스라엘은 말씀으로 믿지 않고 자기 생각으로 하나님을 믿었기 때문이라는 것입니다.

"내가 증언하노니 그들이 하나님께 열심이 있으나 올바른 지식을 따른 것이 아니니라 하나님의 의를 모르고 자기 의를 세우려고 힘써 하나님의 의에 복종하지 아니하였느니라 (롬 10:2-3)"

하나님께서는 열심히 한다고 해서 무조건 잘하는 것이 아니라고 하십니다. 열심히 하려는 마음은 있으나 잘못된 지식을 따르고 있다는 것입니다.

'힘써 하나님의 의에 복종하지 아니하였느니라' 하나님 말씀의 뜻은 모르고 자기 생각의 뜻을 따라서 열심히 하는 것이 하나님의 뜻이라고 믿는다는 것입니다. 결국 우리는 하나님을 믿는 것이 아니라 하나님을 믿는다고 생각하는 자기의 생각을 믿은 것이지요. 예수님께서 당신을 믿는 것이 하나님을 믿는 것이라고 말씀하셨듯이 오늘날 하나님을 믿는 것은 기록된 말씀을 믿는 것이 예수님을 믿는 것이고, 곧 하나님을 믿는 것입니다.

말씀을 믿는다는 것은 자기의 생각을 믿지 않는다는 것입니다. 사도 바울이 자기 생각을 믿을 때는 예수님을 전하는 사도들의 행위가 틀린 것으로 보였기 때문에 예수님의 제자들을 잡으러 다녔습니다. 사도 바울 스스로가 하나님이 되어서 하나님의 제자들을 잡으러 다녔던 것이지요. 그런데 예수님을 만난 사도 바울은 달라집니다.

"우리 구주 하나님과 우리의 소망이신 그리스도 예수의 명령을 따라 그리스도 예수의 사도 된 바울은 믿음 안에서 참 아들 된 디모데에게 편지하노니 하나님 아버지와 그리스도 예수 우리 주께로부터 은혜와 긍휼과 평강이 네게 있을지어다 내가 마게도냐로 갈 때에 너를 권하여 에베소에 머물라 한 것은 어떤 사람들을 명하여 다른 교훈을 가르치지 말며 신화와 끝없는 족보에 몰두하지 말게 하려 함이라 이런 것은 믿음 안에 있는 하나님의 경륜을 이룸보다 도리어 변론을 내는 것이라 이 교훈의 목적은 청결한 마음과 선한 양심과 거짓이 없는 믿음에서 나오는 사랑이거늘 사람들이 이에서 벗어나 헛된 말에 빠져 율법의 선생이 되려 하나 자기가 말하는 것이나 자기가 확증하는 것도 깨닫지 못하는도다 그러나 율법은 사람이 그것을 적법하게만 쓰면 선한 것임을 우리는 아노라 알 것은 이것이니 율법은 옳은 사람을 위하여 세운 것이 아니요 오직 불법한 자와 복종하지 아니하는 자와 경건하지 아니한 자와 죄인과 거룩하지 아니한 자와 망령된 자와 아버지를 죽이는 자와 어머니를 죽이는 자와 살인하는 자며 음행하는 자와 남색하는 자와 인신매매를 하는 자와 거짓말하는 자와 거짓맹세하는 자와 기타 바른 교훈을 거스르는 자를 위함이니 이 교훈은 내게 맡기신바 복되신 하나님의 영광의 복음을 따름이니라 나를 능하게 하신 그리스도 예수 우리 주께 내가 감사함은 나를 충성되이 여겨 내게 직분을 맡기심이니 내가 전에는 비방자요 박해자요 폭행자였으나 도리어 긍휼을 입은 것은 내가 믿지 아니할 때에 알지 못하고 행하였음이라 우리 주의 은혜가 그리스도 예수 안에 있는 믿음과 사랑과 함께 넘치도록 풍성하였도다 미쁘다 모든 사람이 받을 만한 이 말이여 그리스도 예수께서 죄인을 구원하시려고 세상에 임하셨다 하였도다 죄인 중에 내가 괴수니라 (디전 1:1-15)"

예수님을 만나기 전에 사도 바울은 스스로 옳은 자였고, 아는 자였고, 지혜가 있는 사람이었습니다. 그러나 예수님을 만난 사도 바울은 완전히 딴 사람으로 변해버렸습니다. 자신은 나쁜 사람 중에서도 최고로 나쁜 사람이며 죄인 중에 괴수라는 것입니다.

"형제들아 내가 그리스도 예수 우리 주 안에서 가진 바 너희에 대한 나의 자랑을 두고 단언하노니 나는 날마다 죽노라 (고전 15:31)"

예수님을 만난 사람들이 모두 죄인이고 자기는 죽어야 될 사람이라고 하는 것은 영적 의미입니다. 이제부터는 자기의 생각을 보지 않고 하나님의 말씀을 듣는다는 것입니다. 즉 자기의 생각을 받지 않겠다는 뜻입니다. 예수님을 만나 영적으로 눈을 뜨게 되면 죄인이 되고, 예수님을 만나지 못한 사람들은 자신이 의인이라고 생각하는 것입니다.

"우리가 그의 계명을 지키면 이로써 우리가 그를 아는 줄로 알 것이요 그를 아노라 하고 그의 계명을 지키지 아니하는 자는 거짓말하는 자요 진리가 그 속에 있지 아니하되 누구든지 그의 말씀을 지키는 자는 하나님의 사랑이 참으로 그 속에서 온전하게 되었나니 이로써 우리가 그의 안에 있는 줄을 아노라 그의 안에 산다고 하는 자는 그가 행하시는 대로 자기도 행할지니라 (요일 2:3-6)"

우리가 하나님을 믿는다는 것은 그분의 계명을 지키는 것입니다. 사람의 생각으로 계명을 지키는 것이 아니라 하나님의 사랑 안에 온전히 살게 되는 것입니다.

"미련한 자의 생각은 죄요 거만한 자는 사람에게 미움을 받느니라 (잠 24:9)"

'미련한 자의 생각은 죄요' 하나님의 지혜가 없는 사람은 미련한 자라는 것입니다. 즉 하나님의 말씀이 없는 자의 생각은 죄라는 것이지요.

사람의 생각을 기록된 말씀으로 보면 죄와 사망의 법이라는 것입니다.

"이는 그리스도 예수 안에 있는 생명의 성령의 법이 죄와 사망의 법에서 너를 해방하였음이라 (롬 8:2)"

성경에 기록된 말씀은 성령이고 생명의 법이라는 것입니다. 그리고 죄와 사망의 법은 사람의 생각을 이야기하는 것이지요. 사람의 생각은 육체를 하나님으로 섬기기 때문입니다.

"육신을 따르는 자는 육신의 일을, 영을 따르는 자는 영의 일을 생각하나니 육신의 생각은 사망이요 영의 생각은 생명과 평안이니라 (롬 8:5-6)"

사람의 생각은 육신을 섬기는 것이고 사람의 생각으로는 하나님을 알지 못할 뿐만 아니라 하나님을 섬길 수가 없다는 것입니다. 하나님을 섬기려면 영의 생각이 하나님을 알려주어야 합니다.

사람의 생각은 사람을 죽이기 위하여 사람들 마음속에 역사하지만 성경은 사람을 살리기 위하여 기록되었습니다. 또한 영의 생각을 받게 되면 영원한 생명과 평안이 임한다는 것입니다.

"너희가 육신대로 살면 반드시 죽을 것이로되 영으로써 몸의 행실을 죽이면 살리니 (롬 8:13)"

사람의 생각을 죽이려면 하나님의 생각을 마음에 받아야 한다는 것입니다. 하나님께서는 사람의 생각대로 살면 반드시 죽는다고 경고하셨습니다. 그러나 하나님의 생각으로 살면 육신의 생각이 죽게 되고 영원히 살 수 있다고 말씀하셨습니다.

"그때에 너희는 그 가운데서 행하여 이 세상 풍조를 따르고 공중의 권세 잡은 자를 따랐으니 곧 지금 불순종의 아들들 가운데서 역사하는 영이라 전에는 우리도 다 그 가운데서 우리 육체의 욕심을 따라 지내며 육체와 마음의 원하는 것을 하여 다른 이들과 같이 본질상 진노의 자녀이었더니 (엡 2:2-3)"

사람의 마음에 있는 것은 이 세상 풍조를 따르게 하는 공중의 권세 잡은 자, 즉 마귀라는 것입니다. 불순종의 아들들 가운데서 역사하는 영, 말씀을 믿지 않는 자들 속에서 역사하는 마귀의 영이라는 것입니다.

세상의 모든 사람들이 육체의 욕심을 따라 사는 것은 마귀를 섬기기 때문에 나타나는 현상이라고 성경은 말씀하고 계십니다.

마귀의 영으로 하나님을 믿으려고 했던 이스라엘이 하나님을 만나지 못한 이유입니다.

이스라엘뿐만 아니라 지금 이 세상에서 예수님을 믿는 모든 사람들이 자기 생각으로 믿기 때문에 하나님을 만날 수가 없는 것입니다. 이스라엘 백성들이 자신은 하나님을 믿는다고 하였지만 성경에서는 그 믿음은 진정한 믿음이 아니라고 하십니다.

"그러므로 믿음은 들음에서 나며 들음은 그리스도의 말씀으로 말미암았느니라 (롬 10:17)"

하나님에 대한 믿음이 생기는 이유는 하나님의 말씀이 있기 때문입니다. 하나님의 말씀이 없으면 마귀의 영이나 사람의 생각이 더 믿어지기 때문에 하나님의 말씀이 우리 마음에 임할 수가 없는 것입니다.

그래서 예수께서는 나를 믿는 것이 하나님을 믿는 것이라고 말씀하신 것입니다. 지금 우리가 하나님을 믿는다는 것은 말씀을 믿는 것이며 그것이 바로 하나님을 믿는 것입니다. 내 생각이 말씀을 믿는 것이 아니라 말씀이 내 마음 안에 있는 것이 하나님을 믿는 것입니다. 다시 말하면 내 생각을 버리고 하나님의 말씀을 받아들이는 것이지요.

계명을 지키는 것은 우리가 하나님을 알기 때문입니다. 하나님을 아노라, 믿노라 하면서 그분의 계명을 지키지 않는 사람은 거짓말을 하고 있는 것입니다. 그 마음속에 진리, 하나님의 말씀이 없다는 것입니다. 누구든지 말씀을 지키는 자가 하나님을 믿는 자이고 그 말씀이 온전하다는 것입니다.

이로써 말씀이 우리 마음에 있다는 것은 우리가 하나님 안에 있다는 것이고, 하나님 안에 있다는 것은 말씀대로 산다는 것입니다.

"아이들아 내가 너희에게 쓴 것은 너희가 아버지를 알았음이요 아비들아 내가 너희에게 쓴 것은 너희가 태초부터 계신 이를 알았음이요 청년들아 내가 너희에게 쓴 것은 너희가 강하고 하나님의 말씀이 너희 안에 거하시며 너희가 흉악한 자를 이기었음이라 이 세상이나 세상에 있는 것들을 사랑하지 말라 누구든지 세상을 사랑하면 아버지의 사랑이 그 안에 있지 아니하니 이는 세상에 있는 모든 것이 육신의 정욕과 안목의 정욕과 이생의 자랑이니 다 아버지께로부터 온 것이 아니요 세상으로부터 온 것이라 이 세상도, 그 정욕도 지나가되 오직 하나님의 뜻을 행하는 자는 영원히 거하느니라 (요일 2:14-17)"

우리가 하나님을 믿는다는 것은 말씀이 우리 안에 계시고, 우리가 흉악한 자를 이겼다는 것입니다. 흉악한 자는 마귀를 뜻하는 것이고, 또한 우리의 생각을 의미하는 것입니다. 이 세상 자체를 이야기하는 것이 아니라 이 세상을 위하는 생각, 즉 사람의 생각을 사랑하지 말라는 것입니다. 누구든지 세상을 사랑하는 생각을 따르면 아버지의 사랑, 즉 하나님의 말씀이 그 사람에게 있지 않으리라는 것입니다.

이 세상에 있는 모든 죄는 하나님으로부터 온 것이 아니라 세상으로부터 온 것이라는 겁니다. 육신을 위한 정욕과 안목의 정욕, 자랑하려는 마음과 이 세상에 살기 위한 지식에서 비롯된 것이지요.

이 세상의 정욕이나 육신을 위한 것은 다 지나가지만 하나님의 뜻을 따라 살면 영원히 살리라는 하나님의 약속이 성경을 통하여 우리 마음에 은혜로 내릴 것입니다. 자기에게서 돌아서 하나님을 바라보고 살 때 놀라운 하나님의 세계가 보일 것입니다.

24

하나님을 만난 사람들의 마음

하나님을 만난 사람들의 마음

"그런즉 내가 무엇을 말하느냐 우상의 제물은 무엇이며 우상은 무엇이냐 무릇 이방인이 제사하는 것은 귀신에게 하는 것이요 하나님께 제사하는 것이 아니니 나는 너희가 귀신과 교제하는 자가 되기를 원하지 아니하노라 너희가 주의 잔과 귀신의 잔을 겸하여 마시지 못하고 주의 식탁과 귀신의 식탁에 겸하여 참여하지 못하리라 (고전 10:19-21)"

우상의 제물은 무엇이며 우상은 무엇일까요? 사람의 생각은 보이지 않는 것은 믿지 않습니다. 우리는 보이지 않는 하나님을 믿을 수가 없는 것입니다. 예수님을 믿는 많은 사람들이 십자가를 걸어놓고 예수님을 떠올리며, 예수님의 사진을 걸어놓는 것은 보이지 않는 것은 믿어지지 않기 때문입니다.

영적 우상이라는 것은 보이는 것을 원하는 사람의 생각을 가리킵니다. 하나님께서는 이방인이 제사하는 것은 귀신에게 하는 것이라고 말씀하십니다. 이방인은 하나님을 믿지 않는 백성입니다. 영적 의미로는 사람의 생각을 믿는 사람을 이방인이라 하고, 하나님의 말씀을 믿는 사람은 유대인이라 할 수 있습니다.

사람의 생각으로 하나님을 믿는 것은 하나님을 믿는 것이 아니라 귀신을 믿는 것입니다. 사람의 생각은 마귀의 생각이며, 저주받은 천사의 영이 귀신인 것입니다. 사람의 생각이 바로 귀신이라는 것이지요.

하나님의 잔은 하나님의 말씀을 뜻하는 것이고 귀신의 잔은 사람의 생각을 의미합니다. 우리 마음에는 사람의 생각과 하나님의 말씀을 동시에 담을 수가 없습니다. '주의 식탁과 귀신의 식탁에 겸하여 참여하지 못하리라' 사람의 생각과 하나님의 말씀을 동시에 따를 수 없다는 것입니다.

성경에서 하나님의 세계에 들어간 선지자들을 살펴보도록 하겠습니다.

하나님이 소돔과 고모라를 심판하시기 위하여 천사들을 보냈습니다. 롯은 그 천사들을 자기 집으로 초대하여서 잔치를 베풀고 무교병을 구워 그들과 함께 먹었습니다. 그들이 잠자리에 들기 전에 소돔의 백성들이 몰려와 롯의 집을 에워싸고 천사들을 상관하겠다며 이끌어 내라고 했습니다. 그런데 롯은 이 천사들을 향한 진실한 마음이 있었습니다.

"이르되 청하노니 내 형제들아 이런 악을 행하지 말라 내게 남자를 가까이 하지 아니한 두 딸이 있노라 청하건대 내가 그들을 너희에게로 이끌어 내리니 너희 눈에 좋을 대로 그들에게 행하고 이 사람들은 내 집에 들어왔은즉 이 사람들에게는 아무 일도 저지르지 말라 (창 19:7-8)"

롯은 이웃 사람들에게 남자를 경험하지 못한 두 딸을 내어줄테니 천사들에게는 아무 일도 행하지 말라고 당부합니다. 롯의 마음에는 천사들을 위하는 생각이 있어서가 아니라 자기를 위하는 마음, 즉 사람의 생각이 없었다는 것입니다. 사람의 생각은 자신만을 위하기 때문에 남을 위할 수가 없습니다. 롯이 자기의 분신, 자신의 생명과도 같은 존재인 딸을 동네 사람들에게 내어준다는 것은 그 자신을 버렸다는 의미입니다. 롯에게는 자기를 위하는 인간의 생각이 끝났다는 것입니다. 성경은 하나님을 만난 사람, 즉 자기를 버린 사람만이 하나님에 대한 믿음을 온전히 가질 수 있다는 것을 우리에게 가르쳐주고 있습니다.

"아브라함이 이에 번제 나무를 가져다가 그의 아들 이삭에게 지우고 자기는 불과 칼을 손에 들고 두 사람이 동행하더니 이삭이 그 아버지 아브라함에게 말하여 이르되 내 아버지여 하니 그가 이르되 내 아들아 내가 여기 있노라 이삭이 이르되 불과 나무는 있거니와 번제할 어린 양은 어디 있나이까 아브라함이 이르되 내 아들아 번제할 어린 양은 하나님이 자기를 위하여 친히 준비하시리라 하고 두 사람이 함께 나아가서 하나님이 그에게 일러 주신 곳에 이른지라 이에 아브라함이 그 곳에 제단을 쌓고 나무를 벌여 놓고 그의 아들 이삭을 결박하여 제단 나무 위에 놓고 손을 내밀어 칼을 잡고 그 아들을 잡으려 하니 여호와의 사자가 하늘에서부터 그를 불러 이르시되 아브라함아 아브라함아 하시는지라 아브라함이 이르되 내가 여기 있나이다 하매 사자가 이르시되 그 아이에게 네 손을 대지 말라 그에게 아무 일도 하지 말라 네가 네 아들 네 독자까지도 내게 아끼지 아니하였으니 내가 이제야 네가 하나님을 경외하는 줄을 아노라 (창 22:6-12)"

믿음의 아버지 아브라함은 자식을 낳지 못하다가 말년에 하나님으로부터 자식을 얻었습니다. 그런데 하나님이 아브라함을 시험하시려고 아들 이삭을 죽여서 당신께 번제를 드리라고 말씀하셨습니다.

아브라함은 그 아들 이삭에게 번제 나무를 지우고 자기는 불과 칼을 손에 들고 동행했습니다. 아들이 물었습니다, 나무와 불은 있는데 번제할 어린양은 어디에 있습니까? 아브라함은 자식에게 할 말이 없어서 하나님이 준비하신다고 이야기를 했습니다. 차마 내가 너를 죽여 하나님께 번제를 드린다고 말을 할 수가 없었습니다.

제를 지낼 장소에 이르러 아브라함이 아들을 결박하여 제단 위에 이삭을 눕히고 손을 내밀어 아들을 죽이려고 했습니다. 그때에 하나님이 아브라함아, 아브라함아 하고 불렀습니다. '이 아이에게 네 손을 대지 마라, 네가 네 아들 독자까지도 내게 아끼지 아니하였으니 이제야 네가 하나님을 경외하는 줄 아노라' 우리가 하나님을 경외한다는 것은 사람의 생각이 끝이 났다는 것입니다. 아브라함이 자기를 위하는 생각이 조금이라도 있었다면, 하나님이 원하신다고 하나밖에 없는 자식을 자기 손으로 죽여서 번제를 드리려 하지는 않았을 것입니다. 아브라함이 이삭을 번제로 드리려고 했던 것은 그의 마음에 자기의 생각이 없고 하나님의 말씀만 있었기 때문에 가능했던 일입니다. 또한 그것으로 하나님의 시험을 이길 수 있었던 것입니다. 시험을 이길 수 있는 힘은 순종, 하나님의 말씀뿐입니다.

이 땅의 모든 사람들이 하나님을 만나지 못하는 이유는 정성이 부족해서도 아니고, 노력이 부족해서도 아닙니다. 하나님의 생각과는 다른 육체를 위하는 생각이 있기 때문입니다.

성경에는 두 부류의 사람이 등장합니다. 이것은 영적인 기준으로 보아야 하는 것으로, 하나는 사람의 생각을 가진 사람이며 또 하나는 하나님의 생각, 말씀을 따르는 사람입니다. 「야곱과 에서」를 보면, 에서는 자기의 생각을 신뢰하는 자였고, 야곱은 자기의 생각은 신뢰하지 않았던 사람입니다.

"그런즉 내 아들아 내 말을 따라 내가 네게 명하는 대로 염소 떼에 가서 거기서 좋은 염소 새끼 두 마리를 내게로 가져오면 내가 그것으로 네 아버지를 위하여 그가 즐기시는 별미를 만들리니 네가 그것을 네 아버지께 가져다 드려서 그가 죽기 전에 네게 축복하기 위하여 잡수시게 하라 야곱이 그 어머니 리브가에게 이르되 내 형 에서는 털이 많은 사람이요 나는 매끈매끈한 사람인즉 아버지께서 나를 만지실진대 내가 아버지의 눈에 속이는 자로 보일지라 복은 고사하고 저주를 받을까 하나이다 어머니가 그에게 이르되 내 아들아 너의 저주는 내게로 돌리리니 내 말만 따르고 가서 가져오라 (창 27:8-13)"

아버지 이삭이 나이가 들어 복을 주신다는 소리를 듣고 아버지가 좋아하는 고기를 별미로 만들어서 드리고 복을 받으라고 말씀하셨습니다. 그러자 에서는 자기의 생각을 따라서 복 받을 준비를 하였지만 야곱은 아무것도 할 수가 없었습니다. 그때 어머니 리브가가 야곱에게 복을 받을 수 있도록 해주겠다고 말합니다. 아버지 이삭은 장자인 에서에게 복을 주기를 원했기 때문에 이미 야곱은 복에서 멀어져 있었던 것입니다.

이 말씀이 비유하는 바는 우리 사람들은 하나님께 복을 받을 수 있는 조건이 없다는 것입니다. 에덴에서는 아담의 마음에 하나님의 영, 말씀이 담겨져 있었기 때문에 하나님이 그 말씀에 복을 주셨던 것입니다. 그런데 사람의 생각을 갖게 되면서 하나님의 축복에서 멀어졌습니다.

에서는 이삭의 장자였지만 자기 생각을 신뢰했기 때문에 복을 받지 못했고, 야곱은 자기의 생각을 끝내고 어머니의 말을 들어서 아버지에게 복을 받았습니다. 야곱에게 능력이 있었던 것이 아니라 어머니의 말씀에 능력이 있었던 것입니다. 우리들 역시 하나님의 복을 받을 수 있는 조건은, 사람의 생각을 부인하고 하나님의 말씀을 받아들이는 것입니다. 그러면 하나님으로부터 복을 받고 마지막 날에 말씀으로 인해 천국에 가게 될 것입니다.

야곱은 '아버지께서 나를 만지실진대 내가 아버지의 눈에 속이는 자로 보일지라 복은 고사하고 저주를 받을까 하나이다'라고 어머니께 말합니다. 에서는 자기의 생각이 저주받는 것을 알지 못하였고, 야곱은 자기가 저주받을 것이라고 알고 있었던 것입니다. 야곱이 자기 생각이 있을 때에는 저주가 보였지만 어머니가 저주는 내게 돌리고 내 말만 따르라고 합니다. 우리가 우리 생각은 버려두고 말씀을 따라갈 때 하나님으로 인하여 영생과 천국이 우리에게 임하는 것입니다.

"요셉이 그들에게 이르되 청하건대 내가 꾼 꿈을 들으시오 우리가 밭에서 곡식 단을 묶더니 내 단은 일어서고 당신들의 단은 내 단을 둘러서서 절하더이다 그의 형들이 그에게 이르되 네가 참으로 우리의 왕이 되겠느냐 참으로 우리를 다스리게 되겠느냐 하고 그의 꿈과 그의 말로 말미암아 그를 더욱 미워하더니 요셉이 다시 꿈을 꾸고 그의 형들에게 말하여 이르되 내가 또 꿈을 꾼즉 해와 달과 열한 별이 내게 절하더이다 하니라 (창 37:6-9)"

요셉은 꿈을 꾸게 되고 그 꿈으로 인하여 형제들에게 미움을 받아서 애굽 땅에 노예로 팔려가게 되었습니다. 그런데 다행히 시위대장 보디발의 집에 팔려오게 되었습니다. 요셉이 꾼 두 가지의 꿈은 하나는 자기가 왕이 되는 꿈이고 또 하나는 하나님이 되는 꿈이었습니다.

"너는 내 집을 다스리라 내 백성이 다 네 명령에 복종하리니 내가 너보다 높은 것은 내 왕좌뿐이니라 (창 41:40)"

나중에 요셉은 애굽의 총리가 되어 모든 결정권을 가진 왕이나 다름없는 자리에 오르게 됩니다.

"성경은 폐하지 못하나니 하나님의 말씀을 받은 사람들을 신이라 하셨거든 (요 10:35)"

또 하나의 꿈은 요셉이 하나님을 만나서 해와 별이 절하는 하나님의 자녀, 곧 하나님이 되었습니다.
꿈으로 인하여 노예가 되어 보디발의 집에 팔려왔지만, 하나님이 함께 하셔서 보디발에게 인정을 받게 되었습니다. 그런데 보디발의 아내가 요셉의 준수함을 보고 날마다 동침을 요구하였습니다. 먼 나라 애굽 땅에 노예로 팔려와 시위대장의 가정 총무가 된 요셉이 자리를 지키려면 그 아내의 요구를 듣지 않으면 안 될 상황이었습니다. 그러나 요셉에게는 자기를 위하는 생각이 없었기 때문에 보디발 아내의 청을 거절했습니다. 그러자 보디발의 아내는 요셉을 강간 미수범으로 몰아 감옥으로 보냈습니다.

그 무렵 그 나라의 바로왕이 꿈을 꾸었습니다. 온 나라 안에 해몽을 부탁하였지만 해몽할 사람이 없었습니다. 그때 감옥에 함께 있던 술 맡은 관원장이 왕에게 요셉을 추천했습니다. 꿈 해몽을 하지 않더라도 바로왕이 강간미수범에게 꿈 해몽을 부탁했다는 것은 지금 세상에 있는 왕들과는 너무나 다른 왕이었던 것입니다.

"바로께서 꿈을 두 번 겹쳐 꾸신 것은 하나님이 이 일을 정하셨음이라 하나님이 속히 행하시리니 이제 바로께서는 명철하고 지혜 있는 사람을 택하여 애굽 땅을 다스리게 하시고 바로께서는 또 이같이 행하사 나라 안에 감독관들을 두어 그 일곱 해 풍년에 애굽 땅의 오분의 일을 거두되 그들로 장차 올 풍년의 모든 곡물을 거두고 그 곡물을 바로의 손에 돌려 양식을 위하여 각 성읍에 쌓아 두게 하소서 이와 같이 그 곡물을 이 땅에 저장하여 애굽 땅에 임할 일곱 해 흉년에 대비하시면 땅이 이 흉년으로 말미암아 망하지 아니하리이다 바로와 그의 모든 신하가 이 일을 좋게 여긴지라 바로가 그의 신하들에게 이르되 이와 같이 하나님의 영에 감동된 사람을 우리가 어찌 찾을 수 있으리요 하고 요셉에게 이르되 하나님이 이 모든 것을 네게 보이셨으니 너와 같이 명철하고 지혜 있는 자가 없도다 너는 내 집을 다스리라 내 백성이 다 네 명령에 복종하리니 내가 너보다 높은 것은 내 왕좌뿐이니라 바로가 또 요셉에게 이르되 내가 너를 애굽 온 땅의 총리가 되게 하노라 하고 자기의 인장 반지를 빼어 요셉의 손에 끼우고 그에게 세마포 옷을 입히고 금 사슬을 목에 걸고 자기에게 있는 버금 수레에 그를 태우매 무리가 그의 앞에서 소리 지르기를 엎드리라 하더라 바로가 그에게 애굽 전국을 총리로 다스리게 하였더라 (창 41:32-43)"

요셉은 바로왕을 만나서 두 번씩 겹쳐 꿈을 꾼 것은 하나님이 이 일을 시행하시겠다는 계시임을 알립니다. 요셉은 바로왕에게 명철하고 지혜 있는 사람을 택하여 애굽 땅을 다스리게 하라고 이야기합니다. 다시 말하면 바로왕에게 왕의 자리에서 내려오라는 것입니다.

사람의 생각으로 보면 요셉은 죽으려고 작정했던 것입니다. 강간미수범의 신분으로 왕 앞에 가서 왕의 자리에서 내려오라고 한 것입니다. 그런데 이 바로왕은 자기의 생각이 없었습니다. '하나님의 영에 감동된 사람을 우리가 어찌 찾을 수 있으리요 하고 하나님이 이 모든 것을 네게 보이셨으니 너와 같이 명철하고 지혜 있는 자가 없도다 내 백성이 너 명령에 복종하리니 내가 너보다 높은 것은 내 왕좌뿐'이라며 요셉의 말을 따릅니다. 요셉에게 자기의 인장반지, 왕을 표시하는 인장반지를 주었다는 것은 요셉을 왕으로 인정하는 것이지요.

바로왕은 자기의 왕 자리도 틀렸다고 하면 내려놓을 수 있는 마음을 가진 사람입니다. 이렇게 인간의 생각이나 욕심이 끊어진 사람에게는 하나님이 요셉을 보내어서 은혜를 주셨던 것입니다. 사람의 생각은 하나님의 말씀을 들을 수가 없지만, 자기의 생각이 없는 사람은 하나님의 은혜를 입게 됩니다.

"룻이 이르되 내게 어머니를 떠나며 어머니를 따르지 말고 돌아가라 강권하지 마옵소서 어머니께서 가시는 곳에 나도 가고 어머니께서 머무시는 곳에서 나도 머물겠나이다 어머니의 백성이 나의 백성이 되고 어머니의 하나님이 나의 하나님이 되시리니 어머니께서 죽으시는 곳에서 나도 죽어 거기 묻힐 것이라 만일 내가 죽는 일 외에 어머니를 떠나면 여호와께서 내게 벌을 내리시고 더 내리시기를 원하나이다 하는지라 (룻 1:16-17)"

룻이라는 여인은 모압 지방에서 살던 여인이었습니다. 원래 이스라엘의 유대인들은 모압 여인과 결혼하지 않았지만 베들레헴에 흉년이 들어 한 사람이 그의 아내와 두 아들을 데리고 모압 지방에서 살게 되었습니다. 후에 그 아들 둘이 모압에 있었으므로 모압 여인에게 장가를 갔습니다. 모압에 살면서 남편이 죽고 또한 두 아들도 죽고 시어머니인 나오미와 며느리 룻과 오르바 세 사람이 남게 되었습니다. 나오미는 하나님이 당신 백성을 돌보사 그들에게 양식을 주셨다는 말을 듣고 베들레헴으로 돌아가려 합니다. 그러면서 며느리들에게 자기의 행복을 위해서 살라고 합니다. 그러자 두 며느리 중 오르바는 시어머니를 떠났고 룻은 어머니 곁에 남았습니다.

보통 며느리에게 시어머니라는 존재는 멀리하고 싶은 존재인데, 룻은 신랑도 죽고 양식도 떨어진 시어머니를 따르겠다고 합니다. 어머니를 따라 어머니의 하나님을 섬기고 자기의 신을 믿지 않겠다는 것이지요. 죽음이 갈라놓기 전에 어머니를 떠나면 벌 위에 벌을 내리시기를 원한다는 것은 룻 자신의 생각은 벌을 받을 것이라는 의미입니다. 시어머니가 좋아서 따라가는 것이 아니라 자신의 생각이 싫어서 어머니의 백성, 어머니의 하나님을 섬기겠다는 것입니다. 그리고 어머니를 떠나게 하는 생각이 있다면 벌을 원한다고 이야기합니다.

성경은 하나님의 말씀에 문제가 있어서 믿음이 없는 것이 아니라 사람의 생각이 있어서 믿음이 없다고 이야기하고 있습니다. 룻의 시어머니인 나오미는 다음과 같이 말합니다.

"이에 그 두 사람이 베들레헴까지 갔더라 베들레헴에 이를 때에 온 성읍이 그들로 말미암아 떠들며 이르기를 이이가 나오미냐 하는지라 나오미가 그들에게 이르되 나를 나오미라 부르지 말고 나를 마라라 부르라 이는 전능자가 나를 심히 괴롭게 하셨음이니라 내가 풍족하게 나갔더니 여호와께서 내게 비어 돌아오게 하셨느니라 여호와께서 나를 징벌하셨고 전능자가 나를 괴롭게 하셨거늘 너희가 어찌 나를 나오미라 부르느냐 하니라 (룻 1:19-21)"

나오미라는 이름의 뜻은 희락, 즐거움입니다. 나오미는 자신을 나오미라 부르지 말고 '마라'라 부르라고 합니다. 마라의 의미는 괴로움입니다. 나오미는 자기의 생각이 괴로움이라고 이야기하고 있는 것입니다. 자기의 생각이 괴로움이라면 자기의 생각을 믿을 사람이 없을 것이고 하나님을 믿을 수밖에 없습니다. 자기 생각이 괴로움이라는 것을 알게 될 때 우리는 하나님을 믿을 수밖에 없는 것입니다.

다윗왕은 우리아의 아내와 간통을 하고 임신이 되자 불륜을 숨기려고 전쟁 중에 있는 우리아를 불러서 자기의 생각으로 우리아의 자식으로 만들려고 했습니다. 그렇지만 우리아는 의로운 사람이라 하나님의 언약계와 동료들이 전투 중이므로 아내와 함께 잠자리에 들기를 거절합니다. 그러자 다윗이 요압장군에게 서신을 보내어 우리아를 전투 중에 죽일 것을 명했습니다.

다윗은 우리아를 죽임으로써 잘못이 숨겨진 것으로 착각했지만 하나님은 나단 선지자를 통하여 그 죄를 들춰내셨습니다. 한 성읍에 두 사람이 있는데 한 사람은 부유하고 한 사람은 가난했습니다. 가난한 사람은 아무것도 없고 단지 작은 암양 새끼 한 마리가 있을 뿐이었습니다. 그가 암양을 자식처럼 여겨 그가 먹는 것을 먹이며 그의 잔으로 마시게 하며 그의 품에 누워 잠들게 했습니다. 그런데 부자에게 행인이 오자 부자는 자기의 양과 소를 아껴 잡지 아니하고 가난한 사람의 양 새끼를 빼앗아 잡았습니다. 나단이 다윗에게 이 이야기를 들려주자 다윗은 다음과 같이 말합니다.

"다윗이 그 사람으로 말미암아 노하여 나단에게 이르되 여호와의 살아 계심을 두고 맹세하노니 이 일을 행한 그 사람은 마땅히 죽을 자라 (삼하 12:5)"

그러자 나단이 다윗에게 "당신이 그 사람이다"라고 말합니다. 만일 부족한 것이 있어 하나님께 청하였다면 네게 이것, 저것을 더 주었을 것인데 하나님의 말씀을 업신여기고 악을 행하였느냐고 책망합니다. 다윗이 자기 생각을 따라서 행한 행동이 하나님의 말씀을 업신여긴 행위라는 겁니다. 다윗이 그런 사람은 반드시 죽으리라고 말한 것은 우리 모든 사람은 자신이 한 행위는 문제가 없다고 느낀다는 것입니다.

우리 사람에게 하나님의 말씀이 들리지 않으면 우리는 무엇이 잘못인지를 알지 못합니다. 나단 선지자의 책망을 듣고 나서야 다윗은 자기의 모습을 볼 수 있었던 것입니다.

"내가 죄악 중에서 출생하였음이여 어머니가 죄 중에서 나를 잉태하였나이다

(시 51:5)"

다윗은 죄 중에 출생했고 모친이 죄 중에 잉태했기 때문에 자기를 더 이상 믿을 수가 없었다는 것입니다. 하나님께서는 다윗에게 이는 나와 합한 자라고 말씀하셨습니다. 자기가 죄밖에 없기 때문에 하나님만 믿게 된 다윗을 온전한 사람이라고 말씀하십니다.

하나님을 만나기 전에는 모든 사람은 자신을 의인이라고 생각합니다. 말로는 죄인이라고 하지만 그 죄를 따라 사는 것은 그 죄를 선이라고 느끼는 것이지요. 하나님을 믿으면서 자기 생각대로 사는 것은 영적 사기꾼입니다. 사람은 자기 생각을 믿고 살다가 자기 생각이 자기를 위하는 것이 아니라는 것이 발견되면 하나님에게 돌아가는 것입니다.

"이르시되 가서 네 남편을 불러 오라 여자가 대답하여 이르되 나는 남편이 없나이다 예수께서 이르시되 네가 남편이 없다 하는 말이 옳도다 너에게 남편 다섯이 있었고 지금 있는 자도 네 남편이 아니니 네 말이 참되도다 (요 4:16-18)"

예수님과 사마리아 여인은 남편에 대해 이야기하는 것이 아닙니다. 영적인 의미에서 남편은 육신을 위하는 사람의 생각을 말합니다. 사람의 생각은 우리를 위해 주는 것 같지만 우리가 바라는 행복이나, 진정한 만족, 기쁨, 생명을 주지 못합니다. 우리를 보호해 주고 원하는 것을 다 이루어 줄 것처럼 생각이 만들어지지만 그 모든 것은 거짓이라는 것입니다.

"우리의 연수가 칠십이요 강건하면 팔십이라도 그 연수의 자랑은 수고와 슬픔뿐이요 신속히 가니 우리가 날아가나이다 (시 90:10)"

사람의 생각이 우리 마음에 줄 수 있는 것은 수고와 슬픔밖에 없다는 것입니다. 그래서 이 사마리아 여인은 남편 다섯을 바꾸면서 여섯 번째 남편에게 소망이 끊어졌던 것입니다. 그래서 이 여인은 자신의 생각을 버리게 됩니다.

"여자가 이르되 메시야 곧 그리스도라 하는 이가 오실 줄을 내가 아노니 그가 오시면 모든 것을 우리에게 알려 주시리이다 (요 4:25)"

남편, 즉 우리를 위하는 우리의 생각에서 돌아서면 예수님을 기다리게 되고 예수님을 기다리면 예수님이 찾아오신다는 것입니다. 우리를 위하는 생각은 우리의 진정한 남편이 될 수 없다는 것을 성경은 보여주고 있습니다.
우리를 위해줄 수 있는 남편, 실제의 능력이신 말씀에게로 돌아가시게 되기를 바랍니다.

"예수께서 그 누운 것을 보시고 병이 벌써 오래된 줄 아시고 이르시되 네가 낫고자 하느냐 병자가 대답하되 주여 물이 움직일 때에 나를 못에 넣어 주는 사람이 없어 내가 가는 동안에 다른 사람이 먼저 내려가나이다 예수께서 이르시되 일어나 네 자리를 들고 걸어가라 하시니 그 사람이 곧 나아서 자리를 들고 걸어가니라 (요 5:6-9)"

예수님이 많은 병자들이 모여 있는 베데스다라 하는 못에 한 병자를 찾아갔습니다. 많은 병자들은 여전히 자기에게 소망을 두고 물이 움직일 때를 기다리고 있습니다. 이는 천사들이 가끔 못에 내려와 물을 움직이게 하는데, 물이 움직인 후에 먼저 물에 들어간 자는 어떤 병이 걸렸든지 낫게 되기 때문이지요.

그러나 이 못가에 있는 병자들은 물의 움직임을 기다릴 필요도 없는 병이었습니다. 그들의 병은 하나님의 말씀을 떠나게 되면서 온 병이기 때문에 자신들의 생각이 불러온 병이기도 한 것입니다.

예수님께서는 이 많은 병자 중에 한 사람, 자기의 생각이 끊어진 사람에게 찾아가십니다. 이 병자는 잘못 알고 있었습니다. 물에 먼저 들어가지 못한 것이 문제가 아니라 예수님의 말씀이 없었기 때문에 병이 낫지 않았던 것입니다. 그는 자리를 들고 걸어가라는 예수님의 말씀으로 병을 고쳤습니다.

우리가 인생을 힘들고 괴롭게 살아갈 수밖에 없는 것은 돈이 없어서도 배우지 못해서도 아닙니다. 하나님의 말씀이 없어서 하늘의 복을 받을 수 없기 때문에 힘들고 괴로울 수밖에 없는 것입니다.

부디 하나님의 말씀으로 돌아가게 되기를 바랍니다. 하나님을 만나는 위치는 멀리 있지 않습니다. 이 선지자들의 마음처럼 말씀이 들리는 마음만 가지게 되면 하나님은 찾아오실 것입니다.

25

하나님은 믿을 수 없다

하나님은 믿을 수 없다

"이는 하늘에서 내려오는 떡이니 사람으로 하여금 먹고 죽지 아니하게 하는 것이니라 나는 하늘에서 내려온 살아 있는 떡이니 사람이 이 떡을 먹으면 영생하리라 내가 줄 떡은 곧 세상의 생명을 위한 내 살이니라 하시니라 그러므로 유대인들이 서로 다투어 이르되 이 사람이 어찌 능히 자기 살을 우리에게 주어 먹게 하겠느냐 예수께서 이르시되 내가 진실로 진실로 너희에게 이르노니 인자의 살을 먹지 아니하고 인자의 피를 마시지 아니하면 너희 속에 생명이 없느니라 내 살을 먹고 내 피를 마시는 자는 영생을 가졌고 마지막 날에 내가 그를 다시 살리리니 내 살은 참된 양식이요 내 피는 참된 음료로다 내 살을 먹고 내 피를 마시는 자는 내 안에 거하고 나도 그의 안에 거하나니 살아 계신 아버지께서 나를 보내시매 내가 아버지로 말미암아 사는 것 같이 나를 먹는 그 사람도 나로 말미암아 살리라 이것은 하늘에서 내려온 떡이니 조상들이 먹고도 죽은 그것과 같지 아니하여 이 떡을 먹는 자는 영원히 살리라 이 말씀은 예수께서 가버나움 회당에서 가르치실 때에 하셨느니라 제자 중 여럿이 듣고 말하되 이 말씀은 어렵도다 누가 들을 수 있느냐 한대 예수께서 스스로 제자들이 이 말씀에 대하여 수군거리는 줄 아시고 이르시되 이 말이 너희에게 걸림이 되느냐 그러면 너희는 인자가 이전에 있던 곳으로 올라가는 것을 본다면 어떻게 하겠느냐 살리는 것은 영이니 육은 무익하니라 내가 너희에게 이른 말은 영이요 생명이라 그러나 너희 중에 믿지 아니하는 자들이 있느니라 하시니 이는 예수께서 믿지 아니하는 자들이 누구며 자기를 팔 자가 누구인지 처음부터 아심이러라 또 이르시되 그러므로 전에 너희에게 말하기를 내 아버지께서 오게 하여 주지 아니하시면 누구든지 내게 올 수 없다 하였노라 하시니라 그때부터 그의 제자 중에서 많은 사람이 떠나가고 다시 그와 함께 다니지 아니하더라 예수께서 열두 제자에게 이르시되 너희도 가려느냐 시몬 베드로가 대답하되 주여 영생의 말씀이 주께 있사오니 우리가 누구에게로 가오리이까 우리가 주는 하나님의 거룩하신 자이신 줄 믿고 알았사옵나이다 예수께서 대답하시되 내가 너희 열둘을 택하지 아니하였느냐 그러나 너희 중의 한 사람은 마귀니라 하시니 이 말씀은 가룟 시몬의 아들 유다를 가리키심이라 그는 열둘 중의 하나로 예수를 팔 자러라 (요 6:50-71)"

예수님께서는 자신을 하늘에서 내려온 살아있는 떡이라고 말씀하셨습니다. 그리고 이 떡을 먹으면 영원히 산다고 말씀하십니다. 유대인들은 이 말씀을 들으면서 마음에 동요가 일어납니다. 예수님이 유대인에게 당신의 살을 먹으라고 하시며 이 살을 먹어야 영원히 산다고 말씀하셨는데, 유대인들은 이 말씀을 도저히 이해할 수가 없었습니다.

'인자의 살을 먹지 아니하고 인자의 피를 마시지 아니하면 너희 속에 생명이 없느니라' 오늘날 우리가 예수님의 살과 피를 먹으러 이스라엘에 간다고 할지라도 거기에는 이미 예수님의 살과 피는 없습니다. 하나님은 성경을 통하여 예수님의 살과 피를 먹지 아니하는 자는 살지 못하고 이미 죽은 자라고 말씀하십니다. 제자들 중 여럿이 이 말씀을 듣고 말씀이 어렵다고 하자 예수님이 대답하셨습니다. '살리는 것은 영이니 육은 무익하니라 내가 너희에게 이른 말은 영이요 생명이라' 사람이 자기의 생각을 가지고 성경을 듣게 되면 들을 수가 없는 것입니다. 사람의 생각으로 들으면 예수님의 육체의 살을 먹고, 예수님의 육체의 피를 마셔야 영원한 생명을 얻을 수 있다고 들리는 것입니다.

예수님은 육체에 대해 말씀하시는 것이 아닙니다. '영이 나다' 곧 예수님의 생각이 말씀이라는 것입니다. 예수님의 생각을 먹는 자는 그 생각으로 영원한 생명을 얻으리라는 것입니다. 생각을 표현하는 것이 말입니다. 예수님의 말씀은 예수님의 생각을 이야기하는 것이고 또한 이 생각이 영이며 생명이라는 것입니다.

육은 무익하다는 것은 사람의 생각은 육체를 이야기하고 육체의 소리만 듣기 때문에 육신의 생각은 무익하다는 것입니다. 육체의 세계와 영의 세계는 다르기 때문에 사람의 생각을 옳다고 여기는 사람들은 하나님의 말씀인 영의 세계를 들을 수가 없습니다.

유대인이나 예수님의 제자들까지도 자기 생각으로 말씀을 들었기 때문에 예수님의 말씀을 이해할 수가 없었던 것입니다. 사람들이 예수님을 믿은 것은 영의 세계를 알고 싶기 때문이 아닙니다. 예수님의 말씀이 진리이기 때문도, 하나님이 좋아서도 아니었습니다. 단지 이 세상에서 행복을 찾고 만족을 채우려 했기 때문에 하나님의 말씀에는 관심이 없었던 것입니다.

예수님의 말씀을 들은 제자들 중에서 많은 사람이 예수님을 떠나고 다시는 예수님과 함께하지 않았다고 기록하고 있습니다. 지금의 많은 종교인들도 자기 생각에 맞는 하나님, 자기 생각에 맞는 예수님, 자기 생각에 맞는 말씀, 자기 생각에 맞는 교리를 찾고 있습니다. 자기가 하나님 위에 존재하는 신으로 착각하는 것입니다.

이 세상에는 하나님의 교가 있고 사탄의 교가 있습니다. 하나님의 성도는 자기의 모든 것은 틀리고 하나님만 옳다고 여깁니다. 그러나 사탄의 교는 자기만 옳고 모든 것이 틀렸다고 생각합니다. 자기 생각에 맞지 않으면 창조주 하나님도 틀렸다고 무시하는 교가 사탄의 교인 것입니다.

예수님께서는 12제자에게 너희도 가려느냐 하고 물으십니다. 그에 대해 베드로는 '주여 영생의 말씀이 주께 있사오니 누구에게로 가오리까, 우리는 주님이 하나님의 거룩하신 자이신줄 믿습니다'라고 답합니다. 베드로의 이 말에는 예수님에게 영생의 말씀이 있고 하나님에 대한 믿음이 있는 것처럼 보입니다. 하지만 베드로는 자기 생각으로 예수님을 믿었기 때문에 자기 생각이 인정하는 것만을 믿었습니다. 그렇기 때문에 예수님이 사람에게 고난을 당하고 죽었다가 3일 만에 부활한다는 말씀은 믿을 수가 없었습니다. 베드로는 사람이 죽었다가 살아난 것을 한 번도 보지 못했기 때문입니다. 그래서 베드로와 제자들은 예수님이 묻히신 무덤에 오지 않았던 것입니다.

예수님은 제자들 중 한 사람은 마귀라고 말씀하십니다. 마귀라는 것은 예수님의 말씀을 듣지 않는 사람을 뜻합니다. 예수님이 택한 제자 가룟 유다는 3년 동안 예수님을 따라다녔지만 예수님께서는 그를 마귀라고 하셨습니다.

지금 이 시대에 가룟 유다에 비유할 수 있는 믿음은 무엇일까요? 우리는 모두 천국에 갈 거라고 믿고 있지만 예수님 제자도 마귀라면 우리는 무엇이겠습니까? 우리는 아무 근거 없는 것을 만들어서 믿는 믿음을 잠시 내려놓고, 예수님과 유대인의 대화를 살펴보면서 우리가 어디에 있는가를 발견해야 되겠습니다.

"진실로 진실로 너희에게 이르노니 사람이 내 말을 지키면 영원히 죽음을 보지 아니하리라 유대인들이 이르되 지금 네가 귀신 들린 줄을 아노라 아브라함과 선지자들도 죽었거늘 네 말은 사람이 내 말을 지키면 영원히 죽음을 맛보지 아니하리라 하니 너는 이미 죽은 우리 조상 아브라함보다 크냐 또 선지자들도 죽었거늘 너는 너를 누구라 하느냐 예수께서 대답하시되 내가 내게 영광을 돌리면 내 영광이 아무 것도 아니거니와 내게 영광을 돌리시는 이는 내 아버지시니 곧 너희가 너희 하나님이라 칭하는 그이시라 너희는 그를 알지 못하되 나는 아노니 만일 내가 알지 못한다 하면 나도 너희 같이 거짓말쟁이가 되리라 나는 그를 알고 또 그의 말씀을 지키노라 너희 조상 아브라함은 나의 때 볼 것을 즐거워하다가 보고 기뻐하였느니라 유대인들이 이르되 네가 아직 오십 세도 못되었는데 아브라함을 보았느냐 예수께서 이르시되 진실로 진실로 너희에게 이르노니 아브라함이 나기 전부터 내가 있느니라 하시니 그들이 돌을 들어 치려 하거늘 예수께서 숨어 성전에서 나가시니라 (요 8: 51-59)"

예수님은 성경의 대표입니다. 성경을 증거하는 하늘에 속한 사람입니다. 유대인은 사람을 대표하고 세상에 속한 사람입니다. 예수님은 유대인들에게 사람이 내 말을 지키면 영원히 죽지 않는다고 말씀하셨습니다. 이 말씀을 들은 유대인들은 예수님을 귀신 들렸거나 미쳤다고 말합니다.

지금 우리들도 하나님의 말씀을 그대로 전하면 사람들은 귀신 들렸다고 할 것입니다. 지금 이 세상 사람이나 예수님 당시 유대인이나 똑같이 자기 생각을 믿고 살아가는 사람이기 때문입니다. 이 유대인 속에 있는 생각은 육체를 이야기하는 지식이기 때문에, 모든 육체는 죽을 수밖에 없음을 알고 있습니다. 그런데 예수님은 자기 말을 지키면 영원히 죽지 않는다고 하시니 그 말씀을 이해할 수 가 없었던 것입니다. 하나님을 믿는 믿음의 아버지인 아브라함도 죽었고 말씀을 받은 선지자들도 다 죽었는데, 이 예수라는 사람이 자기 말을 들으면 영원히 죽지 않는다고 하니 그 말씀을 믿을 수가 없었던 것이지요.

이 유대인들의 생각에 혼란이 왔습니다. 그래서 예수님에게 당신이 아브라함보다도, 선지자들보다도 위대하냐고 반박합니다. 하나님을 믿었던 그 조상들도 다 죽었는데 당신이 누구이기에 영원한 생명을 약속하느냐고 묻습니다. 사람의 생각으로는 하나님의 말씀을 전하는 사람을 만나면 기쁨이 오는 것이 아니라 혼란과 분노가 마음에 역사하는 것입니다. 사람의 생각은 하나님의 말씀을 가장 싫어합니다. 그래서 옛날 선지자들은 말씀을 전하다가 돌에 맞아 죽었고, 예수님은 말씀을 증거하시다가 십자가에 돌아가셨습니다.

말씀을 듣고 오늘 설교가 좋았다고 생각된다면 그 설교 내용은 사람의 생각이 아니었을까요? 하나님의 말씀이 사람의 생각에 맞는다면 하나님이 사람의 모습으로 이 땅에 오실 필요가 있었겠습니까? 십자가에서 돌아가시는 그 표적을 행하지 않아도 되지 않았겠습니까? 사람의 생각이 틀렸기 때문에 예수님이 이 땅에 오신 것입니다. 예수님이 죽어야 될 만큼 우리가 틀린 사람인 것입니다.

하나님의 말씀을 전하는 것은 사람의 생각이 틀렸다는 것을 가르쳐주기 위한 것입니다. 사도 바울이 '내 속에 거하는 것은 내가 아니요 죄니라' 한 것처럼 말씀을 들으면서 내가 틀렸다는 것을 깨우쳐야 합니다. 내 생각은 마귀의 영, 나는 죄인이며 악한 자였다는 것을 깨달아야 하나님의 말씀을 제대로 들은 것입니다. 말씀을 제대로 듣지 않으면 나는 의인이며 믿음 있는 자, 천국 가는 자로서 하나님을 판단할 수 있다고 생각하게 됩니다.

'너희 조상 아브라함은 나의 때 볼 것을 즐거워하다가 보고 기뻐하였느니라' 먼 옛날 아브라함이 예수님에게 구원을 받았다는 것입니다. 그런데 유대인은 자기 생각으로 예수님을 보니까 예수님이 하나님으로 보이지 않고 자기와 같은 사람으로 보였던 것입니다. 50세도 안된 예수님이 아브라함과 같이 있었다고 하고 또한 아브라함 낳기 전부터 있었다고 하니, 유대인들은 얼마나 마음이 상했으면 예수님을 돌로 치려하였을까요?

하나님을 믿는다는 유대인들이 예수님을 만나서 전혀 대화가 되지 않은 것은 무슨 까닭일까요? 하나님의 세계와 사람의 세계는 다르기 때문에 어느 한 쪽이 끝이 나기 전에는 합쳐질 수가 없었던 것입니다. 사람의 생각이 틀리면 하나님의 말씀만 의롭고, 사람의 생각이 틀리지 않으면 사람의 생각이 옳기 때문에 영원히 하나님과 함께 할 수 없다는 것입니다.

"예수께서 마태의 집에서 앉아 음식을 잡수실 때에 많은 세리와 죄인들이 와서 예수와 그의 제자들과 함께 앉았더니 바리새인들이 보고 그의 제자들에게 이르되 어찌하여 너희 선생은 세리와 죄인들과 함께 잡수시느냐 예수께서 들으시고 이르시되 건강한 자에게는 의사가 쓸 데 없고 병든 자에게라야 쓸 데 있느니라 너희는 가서 내가 긍휼을 원하고 제사를 원하지 아니하노라 하신 뜻이 무엇인지 배우라 나는 의인을 부르러 온 것이 아니요 죄인을 부르러 왔노라 하시니라 그때에 요한의 제자들이 예수께 나아와 이르되 우리와 바리새인들은 금식하는데 어찌하여 당신의 제자들은 금식하지 아니하나이까 예수께서 그들에게 이르시되 혼인집 손님들이 신랑과 함께 있을 동안에 슬퍼할 수 있느냐 그러나 신랑을 빼앗길 날이 이르리니 그때에는 금식할 것이니라 생베 조각을 낡은 옷에 붙이는 자가 없나니 이는 기운 것이 그 옷을 당기어 해어짐이 더하게 됨이요 새 포도주를 낡은 가죽 부대에 넣지 아니하나니 그렇게 하면 부대가 터져 포도주도 쏟아지고 부대도 버리게 됨이라 새 포도주는 새 부대에 넣어야 둘이 다 보전되느니라 (마 9:10-17)"

예수님 시대에 하나님을 믿는 유대인들에게는 늘 예수님의 모습이 틀리게 보였던 것입니다. 그 이유는 예수님이 '내가 곧 진리요' 하시는데, 유대인들 마음에는 진리가 없었기 때문입니다.

로마서 3장 4절에서 '사람은 다 거짓되다'고 말씀하십니다. 이 거짓으로 하나님을 믿거나 예수님을 보거나 성경을 들으면 진리도 거짓으로 보이는 것입니다. 사람의 생각이 있으면 성경은 틀려 보입니다.

바리새인들이 '어찌하여 너희 선생은 세리와 죄인들과 함께 잡수시느냐' 하는 말은 예수님이 하시는 행위가 틀렸다는 것입니다. 이에 대해 예수님도 바리새인을 틀렸다고 말씀하십니다. 건강한 자는 의원이 필요 없고 병든 자라야 의원이 필요하다고 하십니다. 우리는 건강한 자가 아니라 병자라는 것입니다. 하나님은 우리가 긍휼을 입어야 되는 자, 즉 불쌍히 여겨 은혜를 입어야 되는 자로 보시는 것입니다.

또 '제사는 원하지 아니하노라' 하신 말씀이 무엇인지 배우라는 것입니다. 우리가 하나님을 믿는 것이 아니라 하나님이 우리에게 믿음을 주셔야 우리는 하나님을 믿을 수가 있다는 것입니다. 사람의 생각은 늘 성경의 반대편에서 역사합니다. 요한의 제자들까지도 '우리와 바리새인은 금식하는데 어찌하여 당신의 제자들은 금식하지 아니하나이까' 하며 예수님을 지탄합니다. 제자가 틀렸다는 것은 그 스승이 틀렸다는 것이지요. 그들에게 예수님은 비유를 들어 답하십니다. '혼인집 손님들이 신랑과 함께 있을 동안에 슬퍼할 수 있느냐 그러나 신랑을 빼앗길 날이 이르리니 그때에는 금식할 것이니라' 요한의 제자와 바리새인들은 금식의 의미를 알지 못했습니다. 예수님께서는 영의 금식을 말씀하셨지만 그들은 자기의 생각으로 육신의 금식을 이야기하는 것으로 알아들었던 것입니다.

신랑, 즉 예수님이 계실 때는 예수님에게 말씀을 듣고, 예수님을 빼앗기게 될 때 자기 생각을 듣지 않고 있으면 예수님의 말씀이 들린다는 것입니다. 영적 금식을 하지 않는다는 것은 사람이 자기 생각을 따라 산다는 것입니다. 또한 '생베 조각을 낡은 옷에 붙이는 자가 없다'는 것은 하나님의 말씀을 사람의 생각에 붙이지 않는다는 것입니다. 사람의 생각으로 말씀을 판단하거나 섞어서 듣지 말라는 것입니다. 또한 새 포도주를 낡은 가죽 부대에 넣으면 가죽 부대도 해지고 포도주도 쏟아져서 버리게 되니 새 포도주는 새 부대에 넣어야 둘이 다 보존됩니다. 새 포도주라는 것은 하나님의 말씀입니다. 하나님의 말씀은 사람의 생각에 담지 말고 마음에 담아야 한다는 말씀입니다. 하나님의 말씀은 사람의 생각을 틀렸다라고 불신시키고 하나님에 대한 믿음을 일으켜서 온전한 하나님의 사람으로 만드는 능력이 있기 때문입니다.

그리스도인이 가야 될 미래의 천국

26

그리스도인이 가야 될 미래의 천국

　사람은 에덴에서 살도록 창조되었습니다. 그런데 뱀의 유혹을 받아 하나님의 말씀을 버리고 지식, 사람의 생각을 받게 되면서 지금의 이 세상에 살게 되었습니다. 하나님의 말씀을 지키고 있을 때에는 에덴에 있었고 그곳에서는 말씀만으로 만족하며 살았습니다. 말씀을 떠난 우리 인생들은 거짓된 마귀의 지식을 섬기게 되었고, 지식으로 질병과 수고와 슬픔, 사망이 왔습니다. 또한 이 지식은 죄악의 사상이기 때문에 하나님의 선한 말씀과 함께 할 수가 없습니다.
　성경에서는 천국의 주인은 하나님이라고 기록하고 있습니다. 또 천국의 백성은 하나님의 말씀을 따르는 사람들이고 하나님의 말씀은 성경의 기록입니다. 반면 사람의 생각은 저주의 대상이며 심판의 대상입니다. 그럼에도 불구하고 이 세상은 사람의 생각만이 인정을 받고 인본주의 사상으로 무장되어 있습니다. 이렇게 사람의 생각만으로 살아간다면 영원히 지옥의 자녀가 되어 멸망의 경고를 받을 것입니다.

영적인 의미에서 천국은 하나님의 말씀이 있는 곳이고, 사람의 생각이 있는 곳은 지옥입니다. 말씀이 천국에 있기 때문에 하나님의 말씀을 받은 사람들은 육은 흙으로 돌아가지만 혼은 하나님의 영으로 말미암아 천국에 가는 것입니다. 그러나 사람의 생각은 마귀의 영이기 때문에 사람의 생각을 따라서 산 사람들은 지옥에 가게 될 것입니다.

"사망과 음부도 불못에 던져지니 이것은 둘째 사망 곧 불못이라 누구든지 생명책에 기록되지 못한 자는 불못에 던져지더라 (계 20:14-15)"

'사망과 음부도 불못에 던져지더라' 사망의 첫 번째 의미는 육체와 영혼이 분리되는 것이고, 두 번째 의미는 하나님의 말씀을 담은 자는 천국으로, 마귀의 영(사람의 생각)을 담은 자는 지옥에 가는 것입니다. 생명책에 기록되지 못한 자, 즉 성경의 말씀을 받지 못한 자는 불못에 던져진다는 것입니다. 이미 지금 이 세상은 하나님이 버린 세상이며 하나님이 멸망을 경고한 세상입니다. 성경에서는 이사야서와 요한 계시록을 통하여 새 하늘과 새 땅을 보여주고 있습니다.

"또 내가 새 하늘과 새 땅을 보니 처음 하늘과 처음 땅이 없어졌고 바다도 다시 있지 않더라 또 내가 보매 거룩한 성 새 예루살렘이 하나님께로부터 하늘에서 내려오니 그 준비한 것이 신부가 남편을 위하여 단장한 것 같더라 내가 들으니 보좌에서 큰 음성이 나서 이르되 보라 하나님의 장막이 사람들과 함께 있으매 하나님이 그들과 함께 계시리니 그들은 하나님의 백성이 되고 하나님은 친히 그들과 함께 계셔서 모든 눈물을 그 눈에서 닦아 주시니 다시는 사망이 없고 애통하는 것이나 곡하는 것이나 아픈 것이 다시 있지 아니하리니 처음 것들이 다 지나갔음이러라 보좌에 앉으신 이가 이르시되 보라 내가 만물을 새롭게 하노라 하시고 또 이르시되 이 말은 신실하고 참되니 기록하라 하시고 또 내게 말씀하시되 이루었도다 나는 알파와 오메가요 처음과 마지막이라 내가 생명수 샘물을 목마른 자에게 값없이 주리니 이기는 자는 이것들을 상속으로 받으리라 나는 그의 하나님이 되고 그는 내 아들이 되리라 그러나 두려워하는 자들과 믿지 아니하는 자들과 흉악한 자들과 살인자들과 음행하는 자들과 점술가들과 우상 숭배자들과 거짓말하는 모든 자들은 불과 유황으로 타는 못에 던져지리니 이것이 둘째 사망이라 (계 21:1-8)"

새 하늘과 새 땅에는 하나님이 처음 창조하신 하늘과 땅, 바다는 없다는 것입니다. 그곳에는 하나님의 성, 새 예루살렘이 하늘에서부터 내려오고 하나님께서 백성과 함께 계십니다. 지금 이 세상은 성경 안에는 하나님이 계시지만 성경 밖의 세상에는 하나님이 계시지 않고 마귀의 권세 아래 있습니다. 그런데 새 하늘과 새 땅에서는 사람들이 하나님의 백성이 될 것이라고 합니다. 하나님의 백성이라는 것은 하나님의 말씀만 듣는다는 것이지요.

새 하늘과 새 땅에는 눈물도 없고 다시는 사망이 없습니다. 애통하는 것이나 곡하는 것이나 아픈 것이 없는 세상이라는 것입니다.

"그들이 부르기 전에 내가 응답하겠고 그들이 말을 마치기 전에 내가 들을 것이며 (사 65:24)"

새 하늘과 새 땅에서 부르기 전에 응답하겠다는 것은 생각만 해도 이루어지는 세계라는 것입니다. 사람의 능력이 하나님의 능력과 같아진다는 것입니다. 또한 말을 마치기 전에 하나님이 듣는다는 것은 원하는 것은 무엇이든 이루어지리라는 것입니다.

"너희가 육신대로 살면 반드시 죽을 것이로되 영으로써 몸의 행실을 죽이면 살리니 (롬 8:13)"

새 하늘과 새 땅에는 이기는 자가 하나님의 아들이 됩니다. 무엇을 이겨야 될까요? 하나님의 말씀을 듣기 위해서는 사람의 생각을 죽여야 하나님의 말씀이 우리의 혼에 임합니다. 이렇게 하나님의 말씀으로 사람의 생각을 이기는 것입니다.

부디 성경에 기록해 놓은 대로 천국에 갈 수 있는 능력을 키우시길 바랍니다. 성경 말씀을 영적으로 전하는 사람을 만나서 불못을 피하고, 하나님과 함께 하는 새 하늘과 새 땅에 가시게 되기를 하나님께 기도드립니다.